オーレリ・デュポン
美しきパリ・オペラ座エトワール

新書館

装幀　SDR（新書館デザイン室）

前頁:「椿姫」 Previous page : *La Dame aux Camélias*. © Hidemi Seto
右頁：パリ・オペラ座　アデュー公演「マノン」カーテンコール（2015年5月18日）
Opposite page : At a curtain call of her "Adieux" performance *Manon*. © Hidemi Seto

親愛なる観客のみなさま、
この年月のあいだ私に付き添ってくださったことに感謝します。
日本に来て踊ることは、いつも私にたくさんの喜びをくれました。
みなさんの誠実さ、みなさんの友情、
そしてみなさんの寛大さに感謝しています。
みなさんのことは、けっして忘れないでしょう……❤️

Merci, cher public, de m'avoir accompagnée toutes ces années…
Venir danser au Japon m'a toujours procuré beaucoup de plaisir.
Merci pour votre fidélité, votre amitié et votre générosité.
Je ne vous oublierai jamais… ❤️

Aurélie Dupont

Contents

- 3 オーレリからのメッセージ
- 17 **私のパリ・オペラ座日記** オーレリ・デュポン
- 68 華麗なるステージ・アルバム 1995-2015

Message à Aurélie オーレリへのメッセージ
- 82 マニュエル・ルグリ
- 86 エルヴェ・モロー
- 90 ブリジット・ルフェーヴル
- 92 アマンディーヌ・アルビッソン
- 108 オニール八菜
- 109 ジェルマン・ルヴェ

- 95 オーレリ・デュポン物語 ジェラール・マノニ
- 110 年譜&フィルモグラフィー
- 113 Ma vie de danseuse Etoile a l'Opéra de Paris

「椿姫」(ノイマイヤー振付／2014年 パリ・オペラ座バレエ日本公演) *La Dame aux Camélias.* © Hidemi Seto

「眠れる森の美女」（2000年 第9回世界バレエフェスティバル 全幕特別プロ）*The Sleeping Beauty.* © Arnold Gröschel

「パキータ」(2006年　パリ・オペラ座バレエ日本公演) *Paquita*. © Hidemi Seto

「ドン・キホーテ」マチアス・エイマンと　*Don Quixote* with Mathias Heymann.
© Colette Masson/Roger-Viollet

「ジゼル」ニコラ・ル・リッシュと　*Giselle* with Nicolas Le Riche. © Francette Levieux

「ラ・シルフィード」 *La Sylphide.* © Francette Levieux

「シルヴィア」(ノイマイヤー振付) マニュエル・ルグリと *Sylvia* with Manuel Legris. © Francette Levieux

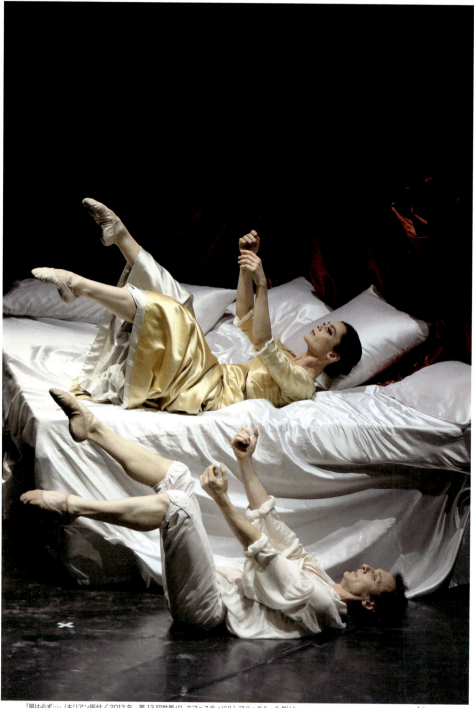

「扉は必ず…」（キリアン振付／2012年　第13回世界バレエフェスティバル）マニュエル・ルグリと
Il faut qu'une porte... with Manuel Legris. © Hidemi Seto

「ル・パルク」(プレルジョカージュ振付／2013年 「マニュエル・ルグリの新しき世界III」) マニュエル・ルグリと
Le Parc with Manuel Legris. © Hidemi Seto

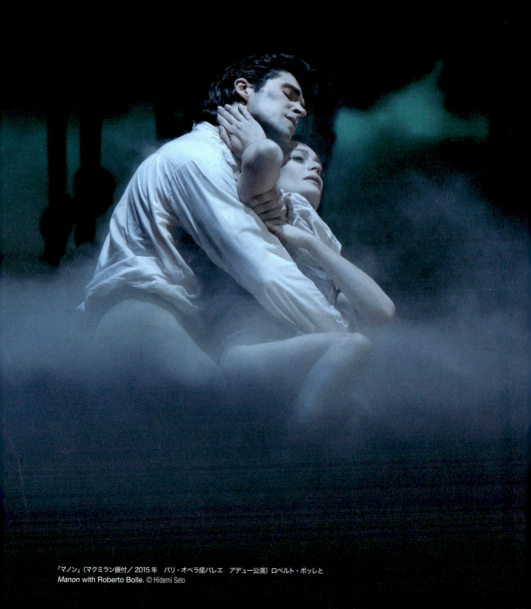

「マノン」(マクミラン振付／2015年　パリ・オペラ座バレエ　アデュー公演) ロベルト・ボッレと
Manon with Roberto Bolle. © Hidemi Seto

私のパリ・オペラ座日記
Ma vie de danseuse Etoile à l'Opéra de Paris

文・写真：オーレリ・デュポン
Textes et Photos par Aurélie Dupont
訳：林 修

パリ・オペラ座ガルニエ宮フォワイエ・ド・ラ・ダンスにて
Aurélie Dupont © Hidemi Seto

初出：月刊「ダンスマガジン」（新書館）2014 年 1 月号〜9 月号（4 月号除く）

Octobre

2013/2014 シーズンはドラマティック・バレエの傑作、ノイマイヤー振付『椿姫』（2013年9月21日〜10月10日）で開幕。自らもヒロイン、マルグリットを踊ったオーレリは、千秋楽でオペラ座に別れを告げる親友ルテステュへの想いを綴る。

　親愛なる読者のみなさん、これからみなさんと一緒に新しい試みを行うことができてとてもうれしいです。その試みとは、私がパリ・オペラ座で日ごろ体験していることを、私の視線を通して、みなさんにも体験していただくことです。観客には見えないこと、リハーサルの準備や衣裳のフィッティング、舞台リハーサルなど、オペラ座のダンサーの毎日、私のエトワールとしての生活を体験していただきたいのです。私は自分の「日記」をみなさんに公開するにあたって、まずアニエス・ルテステュのさよなら公演の話題をとりあげることにします。これは私にとっては当然語るべき話題だと思いましたし、「ダンスマガジン」の読者のみなさんにとっても素敵なオープニングになるのではないかしら。

エトワールが引退するということ

　アニエスはパリ・オペラ座のみならず世界中で非常に愛されているエトワールです。長年の親友として、私は彼女が『椿姫』をリハーサルしている間ずっと彼女の楽屋にいましたし、舞台でも、最後まで、すなわちガルニエ宮でのさよなら公演までずっと彼女に付き添っていました。

　エトワールの引退については、私も自問自答することがよくありました。引退のことは前もって考えていなければなりませんし、最後の公演をベストな状態で迎

2点とも：アニエスの楽屋のドア。エトワールには専用の楽屋が与えられます
Photos © Aurélie Dupont

上2点：アニエスのトウ・シューズ
中：「椿姫」第2幕"田舎"の場面で着るアニエスの衣裳
下：「椿姫」マルグリットの衣裳の数々
右頁：10月8日、アニエスの楽屋にて。彼女と一緒に
Photos © Aurélie Dupont

えるためにも、心の準備ができていなければならないからです。

　後悔は残らないのかしら？　こんなに素晴らしい舞台で2度と踊れなくなることを受け入れなければならないの？　その後の人生をどう予想すればいい？　自分は何をしたの？　踊ったり、指導する以外に自分ができることなんてあるのかしら？　舞台、公演、踊ることの喜びに匹敵するような喜びを、いわゆる「普通の生活」のなかで見つけることができるのかしら？　劇場で経験してきた唯一無二の瞬間の数々を2度と生きることができないなんて、いったいどうしたらいい？

　いつも意識しているわけではないけれど、オペラ座バレエのエトワールになると、日ごろの生活が「お姫さま」の生活に変わります。楽屋は専用の楽屋で、それぞれのダンサーの趣味に合わせて改装されます。衣裳部に行けば、それぞれのダンサーの衣裳だけを担当する衣裳係がいます。髪も担当係が指定した時間に楽屋にやってきてヘアメイクをしてくれます。衣裳もそれぞれのダンサーの担当がいて、公演中はずっと待機して、必要なものがあればすぐに対応してくれます。これは当然のことかもしれません。エトワールは公演で主役を踊るわけですし、それなりの責任も負っているのですから。でも、こんなのは現実の生活ではないでしょう？　このことをちゃんと認識して、「お姫さま」生活がいつかなくなってしまうことを理解していることが大切なのです。

　オペラ座の定年は42歳です。42歳と言えば、ダンサーにしてみれば年老いているかもしれないけれど、「普通」の人ならまだまだ若いでしょう？　じつを言うと、アニエスがこれらのことをどんなふうに思っていたか、私は知りたくてたまりませんでした。

アニエスの少女時代

オペラ座のダンサーたちに「アニエスを一言で表してみて」と尋ねたら、大部分は「静かなるパワー」と答えるでしょう。

私が彼女と知り合ったのは、ほんの子どものころ。2人ともマックス・ボゾニに個人レッスンを受けていたのです。とても早くから、アニエスには何か特別なものがあることが見てとれました。何なのかはわからないけれども、明らかに「何か」を持っていたんです。ダンサーになるために生まれた、という感じでした。

彼女は当時からとても大人でした。ダンスも、日ごろの態度も。「自分が求めているのは最高の称号、すなわちエトワールだ」とすでに意識しているように見えました。だから、失う時間もなければ、浪費するエネルギーもないようでした。静かなるパワーが、すでにゴールに向かっているように……。

当時パリ・オペラ座バレエ学校の校長だったクロード・ベッシーは早くから彼女に注目し、公演に起用していました（私の場合はちがいました。このことはいつかお話ししますね）。彼女の運命はすでに決定していて、あとは入団を待つばかりだったのです。

ジョゼとの出会い、そしてエトワールに

ジョゼ・マルティネズとの出会いはアニエスにとって本当に重要なものだったと私は思います。彼女は自分が他の女性ダンサーよりも身長が高いことを気にしていました。そんなときに、同じく長身で才能あるジョゼが彼女の前に現れたのです。

彼らは2人ともとても意識が高く、どんな作品でも一緒に踊り、練習にも熱心に励んでいました。そして、

上・右頁ともに：アニエスの楽屋に飾られている写真
Photos © Aurélie Dupont

短い間ですがコール・ド・バレエで踊った後、最高の称号を手にしたのです。2人の子どものときからの夢、すなわちエトワール任命を実現したのです。

私がみなさんに知ってもらいたいのは、アニエスが素晴らしいダンサーであることはもちろんだけれど、女性としても素晴らしいということです。

彼女はとても謙虚で、意地悪なところがまったくなく、とても感受性が強い、要するに「最高の女の子」なのです！ 彼女と知り合って、彼女と一緒にキャリアを進むことができたことは、私にはとても誇らしいことなのです。

美しく、感動的だったさよならの夜

10月10日のアニエスのさよなら公演はとても感動的でした。

私はよく公演の日にこう考えるんです。「お客さんは私を観に来てくれるのかしら？ それとも、ギャルリー・ラファイエットからショッピングバッグを抱えて出てきて、なんとなくオペラ座を見物に来たら公演があるのでチケットを買ったのかしら？」って。ばかげた空想に思われるかもしれませんが、オペラ座は観光名所でもあるんですからね。

確かなのは、アニエスのさよなら公演の夜、劇場を埋め尽くした観客たちは、みんな彼女のために来たということ。彼女への愛情を示すため、彼女がいままで与えてくれた感動に対する感謝と敬意を示すために来たのです。

アニエスは普段どおりとても落ち着いていました。1秒1秒を大切にしながら、自らの感動を貪欲に、心ゆくまで味わっているようでした。その光景は、悲しく、涙を誘うようでもあり、短くもありましたが、誠実で、

5点とも：本番に向けて、準備をするアニエスとヘアメイクのレオ。レオは素晴らしいプロフェッショナルで、ソリスト役のダンサーはみな彼女が手がけているんですよ！ 右中段の手の写真は、アニエスがレオを手伝っているところ
Photos © Aurélie Dupont

10月10日のアニエスのさよなら公演を撮影。(左上から時計回りに) 終幕近くの場面を袖から撮影／舞台の終幕、マルグリットのラスト・ポーズ／あまりクリアに撮れなかったけれど、私がとても感動した場面の大好きな写真／冒頭のオークションの場面で使われるマルグリット＝アニエスの肖像画／カーテンコール後、仲間たちに囲まれるアニエス

Photos © Aurélie Dupont

(上から）カーテンコールで、花束をもってサプライズで現れたジョゼと抱き合うアニエス／（2点続けて）カーテンコール 少しぼけてしまって申しわけないけれど、私のお気に入りです！
Photos © Aurélie Dupont

美しく、感動的でした。

　アニエスは観客から大喝采を受け、拍手が鳴りやみませんでした。あんなにも大きな愛情表現を真正面から受けるなんて、本当に感動しただろうと思います。フランスの観客はかなり冷たいですし、批評家もそんなに優しくはないですから。

　そこにいた人たちはみんなアニエスしか見ていませんでした。白いドレスの彼女はきれいでした。デビューのころと同じ、可愛い子どものように見えました。

舞台を見ていた私のつぶやき……

　アニエスはまだ踊り続けますし、来春東京で『椿姫』を踊ります（私も踊りますよ！　大好きな役なのでとても楽しみ！）。いまは、オペラ座で、『眠れる森の美女』の主役を踊る若いダンサーたちを指導しています。舞台衣裳のデザインは続けたいようです。私が見るところ、彼女は人生を流れるままに生きていこうと思っているようです。はっきりした予定を立てず、でも冷静に……。それに、彼女には素晴らしい恋人がいるんですよ！（これは私の「日記」ですもの。言ってもいいですよね！）でも詳細は彼女のほうがよく知っているでしょう。

　さよなら公演の日、私の母も客席にいました。母が「悲しい、本当に悲しいわ」と言うので、「私のさよなら公演のことを考えてるの？」と聞くと、小さな声で「そう」と答えました……。

　最後に、マドモワゼル・アニエス・ルテステュ、私はあなたが大好きよ。心からの敬意をあなたに送るわ。

オーレリ

*N*ovembre

世界的に活躍する日本人コリオグラファー、勅使川原三郎による世界初演の新作『闇は黒い馬を隠す』に出演(2013年10月31日〜11月14日)。パリ・オペラ座はコンテンポラリーダンスの先鋭的な作り手に次々と振付を委嘱することでも有名。

親愛なる読者のみなさん、今回はオペラ座で私が挑戦した新作についてお話ししましょう。

昨シーズン、勅使川原三郎氏がオペラ座での新作上演に私を選んだことを、ブリジット・ルフェーヴルから告げられました。

2006年に彼がカンパニーに振付けた『AIR』がとても好きだったので、とてもうれしかったし、彼に会えるのが楽しみで、待ちきれない気持ちでした。

新しいコリオグラファーと仕事をするのはいつも喜びです。しかも世界初演に出演できるのは贅沢なこと、ものすごい特権を与えられることなのです。

作品を初演で踊り、コリオグラファーの振付言語を理解し、感情的にも身体的にも危うい体験に身を置くのは、唯一無二の経験。勇敢かどうかの問題ではなくて、どちらかといえば好奇心があるかないかの問題。それは、俳優が異なる時代の新しい人物に挑戦して、異なる演じ方や話し方を試みるようなものだと、私はよく思います。

今回初演したのは『闇は黒い馬を隠す』というタイトルの作品で、ジェレミー・ベランガール、ニコラ・ル・リッシュと共演しました。

勅使川原三郎との創造の日々

私にとっては、勅使川原三郎氏は疑いもなく巨匠で

3点とも:ガルニエ宮内のザンベリ・スタジオにて。サブローさんとニコラ。サブローさんのアシスタントのリホコ(佐東利穂子)さんも。下のカットは私のお気に入り!
Photos © Aurélie Dupont

左頁3点・右頁：勅使川原三郎振付「闇は黒い馬を隠す」の最初の衣裳合わせ。衣裳を手がけたのも勅使川原氏です。ジェレミーと"サブローさん"はとても気が合う仲間同士（中段右）　右下：完成した私の衣裳です！

Photos © Aurélie Dupont

ガルニエ宮の舞台上でのリハーサル
Photo © Aurélie Dupont

す。素晴らしく美しい魂、素晴らしい才能、大きな寛容さを持っている「サブローさん」(と私は呼んでいます)は、偉大なる紳士でもあります。

いつも私が不安を感じてきたことがひとつあります。それは「即興(インプロヴィゼーション)」。自分の身体や精神がこの種のダンスに向いていると思ったことは1度もありませんでした。プロのダンサーがそんなことを言うなんて、と不思議に思われるかもしれませんが、即興はパリ・オペラ座で私たちが受けている「教育」にはほとんど含まれていないのです。

サブローさんと初めて会ったとき、即興で35分間踊るように言われましたが、とても長く感じられました……。即座に私は自分自身に問いかけました。「自分を解き放つこと、発見すること、信頼することを選ぶか、それとも家に帰って隠れるか、どっちにするの!」って。もちろん、勅使川原氏のような人物との出会いは毎日起こることではありません。だから、私はすぐに決断したのです。

ニコラとジェレミーとは本当に長くリハーサルしました。少人数で親密にリハーサルするのはとても気に入りました。サブローさんはダンサーを批判することはしない、天使のような忍耐力を持った方です。彼はダンサーに伝達することを好み、イメージ、感情、純粋で自然なムーヴメントにとてもこだわって仕事をします。リハーサルの間は、多くのことを語ってくれる、まるで私たちに使用法を説明する案内ガイドのようでした。

サブローさんは優れたダンサーで、私たちといっしょに踊ることもよくありました。彼のあまりにモダンな動きには、とても強い印象を受けました。彼の即興テクニックを発見し、試してみるのは、本当に楽しかったです。彼はユーモアのある人で、彼が助けてくれたおかげで、私は自分を疑うことなく、自分の限界を乗り

越えることができたのです。彼のアシスタントの佐東利穂子さんもいました。彼女も素晴らしいダンサーで、リスペクトせずにはいられない、そんな方でした。

勅使川原氏は、ダンサー、コリオグラファーであるだけでなく、作品のすべての衣裳デザイン、照明、美術も手掛けられました。

アクシデントを乗り越えて

公演初日、私たちはみな、大きな感慨を感じていました。というのも、ほとんどいつもそうなのですが、私たちダンサーにとって、初演の日は、素晴らしい出会いの終わりを意味するからです。コリオグラファーたちが別のプロジェクトに向けて立ち去ってしまう日なのです。

サブローさんは今回の作品には1組のキャストしか用意しないことを強く希望しました。これはオペラ座では異例のことです。こうして、私たちは11公演を行ったのですが、かなりハードなスケジュールでした。怪我をしてはいけないうえ、ずっと集中力をキープしていなければならなかったからです。7回目の公演で、ニコラが舞台で怪我をしたのですが、彼は自分の痛みを誰にも気づかせず、最後まで舞台を務めました。翌日、私たちはマルク・モローを代役に立てて準備したのですが、今度は彼が即興のリハーサルで捻挫してしまったのです。残された道は、ジェレミーと2人だけで舞台を務めることでした。マルクが捻挫したのは本番の1時間前、私たちは決断するしかありませんでした。私たちはサブローさんのスタイルと意志に忠実な舞台を行うことだけを心がけて、30分間即興で踊りました。

その日の即興ではまったく不安を感じませんでした。それどころか、初めはあんなに悩まされていた自由を

リファール・スタジオでリハーサルするサブローさんとニコラ。ニコラもサブローさんに"ひとめぼれ"状態でした！
Photo © Aurélie Dupont

上・右下：ガルニエ宮の舞台上でのリハーサル
左下：今回の公演プログラム表紙
Photos © Aurélie Dupont

表現することに躍起になっていたのです。

　勅使川原三郎氏との仕事からとても多くのことを学びましたね。舞台で信じられないくらいの感情の高まりをおぼえました。自分を解き放てたことを私は誇りに思っていますし、この素晴らしい経験の源がサブローさんであったことはとても光栄なことでした。

　多くの場合、出会いには「タイミング」が重要です。私は、人生のこの時期にサブローさんと出会えてとても幸せでした。私のもっとも素晴らしい出会いのひとつとなったのです。

　「サブローさん、どうもありがとう」

それでは、また。

オーレリ

（上から）ザンベリ・スタジオにて。サブローさんとジェレミー。サブローさんは 2006 年にオペラ座で上演した「AIR」のときも、ジェレミーを起用したんです。ジェレミーはすっかり彼のファンに／ニコラとリホコ
Photos © Aurélie Dupont

décembre

12月は、プレルジョカージュ振付『ル・パルク』に出演（2013年12月7〜31日）。『ル・パルク』はモーツァルトの音楽に乗せて、さまざまな愛の姿を描いたヒット作。同時期にバスティーユでは若手キャストを中心に『眠れる森の美女』を上演。

みなさんこんにちは！　またお会いできてうれしいわ！

12月のオペラ座は、カンパニーにとってとても大変な季節。まず、ストレスと疲労がたまるあの毎年恒例の昇進試験。男女とも多くのダンサーが、ほんの少しの空きポストをねらって受験します。加えて、12月の公演では、たいてい、非常にクラシックな作品とコンテンポラリーの作品が上演されます。今年は、オペラ・バスティーユでヌレエフ版『眠れる森の美女』、ガルニエ宮でアンジュラン・プレルジョカージュの『ル・パルク』が上演されました。

オーロラとの決別

私は『ル・パルク』で、ニコラ・ル・リッシュと初日を踊りました。あるとき、ジャーナリストの女性に「なぜ今年は『眠り』を踊らないのか」と尋ねられました。彼女は驚いて、少しがっかりしているようでした。「理由はいたってシンプル」と私は答えました。もっと若いころにマニュエル・ルグリと『眠り』を何度も踊ったし、まだ新進エトワールだった26歳のときに、オペラ座でビデオ収録も行いました。私は自分の仕事にとても厳しい人間なので、レベルが落ちたものを観客のみなさんにお見せしたいとは思わなかったんです。『眠り』はとても難しい、おそらくもっとも難しい作品です。ヌレエフの版では非常に細やかな喜びが表現されていて、この

リファール・スタジオでの「ル・パルク」リハーサル。4人の男性ダンサーたちは、「4人の庭師たち」です。（左より）アドリアン・クヴェ、アドリアン・ボデ、グレゴリー・ガイヤール、シモン・ヴァラストロ
Photo © Aurélie Dupont

ような作品は若いころに踊るのが必須条件なのです。

オペラ座では新世代のソリストたちが登場してきていて、彼女たちにとっては今回がオーロラ姫を踊るチャンスとなりました。最近になって、私は、若いダンサーたちに道を譲ること、必要なときに彼らにアドバイスを与え、彼らを導き、彼らに自分の経験を語ることを重要視するようになりました。身体的にどのような準備をするのか、心理的にこのように難しい作品にどのように取り組むのか、を教えるのです。こうして、私は、自分がもうこの役を踊らないという事実を、おだやかに、フラストレーションを感じることなく、受け入れることができるようになりました。自分を悲しむことなく、信頼と期待の目で新世代のダンサーたちを見守っています。だから、自分の選択を後悔することは1度もありません。ヌレエフの作品はどれも素晴らしい思い出として残っています。オペラ座バレエという大カンパニーでは、若い世代に伝えることが重要なことになっています。キャリアはとても早く過ぎていきます。上手にさよならをするためには、いろいろな作品や思い出と決別することが重要だ、と私は思うのです。

『ル・パルク』の空飛ぶキス！

アンジュラン・プレルジョカージュの『ル・パルク』は、20年前の1994年4月9日に初演されました。これは彼がオペラ座バレエのために初めて創作した作品で、いまではカンパニーのレパートリーの古典になっています。『クレーヴの奥方』と『危険な関係』に発想を得た、誘惑の作法を探究するコンテンポラリー作品です。振付では、他者を発見し自分の身をゆだねるまでの過程が、官能のめざめ、ユーモア、デリカシー、洗練、情熱、放蕩など、つまり、ありとあらゆる段階を通して描か

リファール・スタジオでの『ル・パルク』リハーサル
Photos © Aurélie Dupont

すべてリファール・スタジオでの「ル・パルク」リハーサル。エトワールとコール・ド・バレエのダンサーが一緒にリハーサルするのは、コンテンポラリー作品ならではの光景。レティシア（・ピュジョル）、イザベル（・シアラヴォラ）、エルヴェ（・モロー）、ステファン（・ビュリオン）、バンジャマン（・ペッシュ）、カール（・パケット）、そして私
Photos © Aurélie Dupont
右頁：これが「ル・パルク」の"空飛ぶキス"！ ニコラと
© Agathe Poupeney/Opéra National de Paris
右頁下：「ル・パルク」舞台上でのリハーサル。右からニコラ、私
Photos © Aurélie Dupont

3点とも：「ル・パルク」リハーサル（上から）イザベルとカール／アリス（・ルナヴァン）とレティシア／私のパートナーであるニコラ
Photos © Aurélie Dupont

れています。

　ダンサーとして私がとても興味深いと思うのは、作品の構成と若い女性の変容です。ソリストのための重要なパ・ド・ドゥが3つ出てきますが、最初のパ・ド・ドゥでは、ダンサーの身体が触れ合いません。2人の間には距離があって、躊躇、自制、大きな羞恥心があるのです。2つ目では、他者の発見をおずおずと慎重に受け入れます。思いを解き放っていく場面です。3つ目では、繊細な情熱、ためらいのない情熱的な自己放棄が表現されます。

　エルヴェ・ピエールのコスチュームは素晴らしく、ティエリー・ルプルーストの美術は舞台にとてもモダンな印象を与えています。もちろんモーツァルトの音楽は、あらゆる人に空飛ぶキスを実践してみたいと思わせるのではないかしら？（万が一失敗に終わっても私の責任ではないですよ！）踊っていてとても気持ちのいい作品なんです。

　エトワールになるとコール・ド・バレエと一緒に踊ることが本当に稀になります。周囲の目を避けて、スタジオで、ひっそりと練習することがほとんどで、カンパニー全員とリハーサルするのはその後です。私は、ひんぱんにカンパニーから離れていることに、ずっと居心地の悪さを感じていました。エトワールになれば自分専用の楽屋がもらえる、もちろんこれは素敵なことだけれど、孤独感に耐えきれないときもあるんです。練習でもまたひとり、あるいは小さなグループのみ。通し稽古になって初めて、コール・ド・バレエが私たちを「発見」するわけで、そのときの孤独感といったら！フランス語では「ソリスト」の語源は「ソロ」つまり「ひとり」なんです……。

　『ル・パルク』では、ソリストが他のダンサーたちと踊るシーンが多いので、リハーサルも一緒にすることが

多いんです。それがすごく楽しかったですね。他のダンサーを発見したり、再発見することもできました。このように大勢でリハーサルするのはコンテンポラリー作品のときだけですし、私が好きなのもこういうリハーサルなんです。だから、『ル・パルク』ではいつもステージの雰囲気がいいんですよ。

この作品を意欲的かつ正確に再演したのが、初演ダンサーだったローラン・イレールです。彼はリハーサルをコーチすることをとても楽しんでいたように思います。こうすることが伝えるということなんだ、と思いました——。

私がコンテンポラリーを好きな理由

アンジュランもリハーサルのためにパリに来ました。コリオグラファーが立ち会ってくれるのはいつも素晴らしいことです。たとえ何度もその人の作品を踊ったことがあっても、作品に込めた思いのエッセンスを教えてくれるのはコリオグラファー自身ですから。アンジュランはすべての動きを説明してくれますし、ダンサーの解釈に対してとてもオープンな考えをもっています。彼には自分の作品を絶えず「いま」に合わせる才能があります。というのも、いつもダンサーに応じて作品を修正しているからです。これは偉大な才能です。なぜなら、私たちダンサーを初演に参加している気分にしてくれるからです。初演時とそっくりそのまま踊ることを義務づけられないって素敵なことではないかしら？ 自分が創作の一端を担ったり、別の提案をすることができるなんて、素敵ではありませんか？ ヌレエフの作品ではそうすることができない場合があるんです。ビデオに忠実に踊ったり、決められた配役に従わなければいけないので、ダンサー個人の自由はかなり制限されるのです。

「なぜコンテンポラリーが好きなのか」という質問に対

2点とも：エルヴェ・ピエールの素晴らしいドレスを着たダンサーたち
Photos © Aurélie Dupont

3点とも:「ル・パルク」舞台上でのリハーサル(上から)レティシアとバンジャマン／アリスとエルヴェ／パリに来てくれたコリオグラファーのアンジュラン
Photos © Aurélie Dupont

する私の答えは、ここまで私が述べてきたことすべてですね。ダンサーに活力を与え、自分を唯一無二だと感じさせてくれる、生きた人々と仕事ができるのが、コンテンポラリーなんです！

　ニコラとリハーサルするのは昔から大好きでした！ここ何年かずっと一緒に踊ってきたことで、いまでは舞台で以心伝心の関係になってきたと思います。彼と踊るのはとても好き。彼は私の身体的な力強さを引き出してくれるんです。マニュエルは、私のテクニックと音楽性を引き出してくれました。エルヴェ・モローは私の弱さと感受性を引き出してくれます。さまざまなことを私に教えてくれる素晴らしいパートナーたちに恵まれたことを幸運に思っています。私のキャリアは彼らが築いてくれたようなものなんです！

　パリでの初日公演はとてもうまく行きました。観客はこの作品を愛していますし、最後のパ・ド・ドゥの空飛ぶキスをいつも心待ちにしているようです。アンジュランと再び仕事するチャンスがあるかどうかはわかりません。私にとって、ほとんどの場合、初めて踊った役が最後になることが多いから……。

　アンジュラン・プレルジョカージュの作品を踊るのは大好きです。偉大なるコリオグラファーであり、素晴らしい人間です。幸運にも、彼の作品や初演のいくつかを踊ることができました。初めて踊ったのは、まだエトワールではなかったころの『受胎告知』、そして最後になったのが『ル・パルク』で、これは私がキャリアのなかでもっとも多く踊った作品です。ありがとう、アンジュラン、あなたは私の天使(アンジュ)よ。

　最後に、みなさんにとって、2014年が素晴らしい年となりますように。

オーレリ

février

ストリンドベリの名戯曲をバレエ化したビルギット・クルベリ振付『令嬢ジュリー』がバレエ団初演（2014年2月21日〜3月13日）。オーレリがニコラ・ル・リッシュと初日を飾った。同じガルニエ宮で『オネーギン』も日替わりで上演された。

ボンジュール、みなさん！　またお会いできてうれしいわ。先月号ではみなさんにお会いできませんでした。休み明けにひどい病気にかかってしまったの。あんまり長くベッドにいたから、原稿を書く時間がなかったんです。ごめんなさい。

「令嬢ジュリー」

ダンサーでコリオグラファーのビルギット・クルベリが、アウグスト・ストリンドベリの戯曲にインスパイアされて、1950年に『令嬢ジュリー』という作品を創作しました。ビルギット・クルベリはマッツ・エックのお母さんです。オペラ座での上演のためにアナ・ラグーナが来ました。彼女はジュリー役を踊ったこともあるし、ビルギット・クルベリとも仕事をしたことがあるんです。

この作品では、スウェーデンの伯爵令嬢ジュリーと下男ジャンという、どちらもつかみどころがないけれど、互いに正反対の人物の対立が描かれています。ジュリーは高慢で他人を見下していて、男性を憎悪しています。どんな行動に出るのかまったく読めない女性、強くて弱く、優しいけれど威圧的で、サディスティックでもありマゾヒスティックでもある、二重人格の女性なんです。彼女はジャンに立ち向かい、彼を支配しようとする。ジャンはジャンで、彼女の攻撃に応え、最後には彼女が仕掛けてくる誘惑と拒絶のゲームにおけ

上：衣裳をつけた舞台上での最初のリハーサルで。ジュリーの婚約者役のアレッシオ・カルボネと一緒に　下：ジュリーの最初の衣裳です

Photos © Aurélie Dupont

（上から）老婦人役を踊ったミカエル・ドナール／村人たち（中央がミカエル）／「令嬢ジュリー」の舞台セットの1つ
Photos © Aurélie Dupont

る勝者となる。これは、階級闘争でもあり、権力の奪い合いでもあり、男と女の戦いなんです。ジャンの肉体的暴力にショックを受けたジュリーは、生きる本能を失って、死の衝動にかられ、作品の最後には自殺してしまいます。私が大好きなタイプの美しい悲劇です。

　私の相手役を踊るのはニコラ・ル・リッシュ。エレオノーラ・アバニャートはステファン・ビュリオンと、エヴ・グリンシュタインがオドリック・ベザールと踊ります。

アナ・ラグーナとのリハーサル

　『令嬢ジュリー』のビデオを初めて観たとき、ジュリー役がテクニック的にとてもクラシックであることにとても驚きました。ポアント、ピルエット、アントルシャ……作品を振付けたのがマッツ・エックのお母さんだと知っていたから、もっとプリエした、もっと身体を床に近づけたようなポジションを想像していたんです。いっぽうで、コール・ド・バレエやジャンの婚約者クリスティーヌの振付には「マッツ・エック風」が見てとれます。

　ジュリーは、踊るたびに発見があり、ますます好きになってしまう、驚くべき役です。アナとのリハーサルは1月中旬に始まりました（病気のせいで最初のほうのリハーサルは欠席したんです）。ジュリー役は舞台に出ずっぱりなので、覚えることがたくさんあります。ポアントのテクニックはかなり難しいうえ、かなり幅広い演技が要求されます。でも、ここが私にとってはいちばん面白いところなんです！ ジュリーはすべてを網羅した役、素晴らしい役です。

　最初に登場するところでは、彼女は他人を見下したような不愉快な態度で、短いチュチュで鞭を手にしたサディスティックな様子。下男たちを毛嫌いして、婚約者を拒絶する（この婚約者を演じるアレッシオ・カル

ボネが素晴らしいの！）。彼女は欲求不満なんです。

第2場では、ジャンに近づき、自らを受け入れてもらおうとします。攻撃的な部分が少しなくなり、弱さのようなものが見えてくるんです。

台所の場面でのジュリーは、ローラン・プティの『カルメン』に似ています。薄着の彼女はジャンと2人きり。彼を誘惑し、興奮させるために、彼女は自分の魅力をひけらかすけれど、そのいっぽうで、彼の衝動にブレーキをかけたりもする。策略的なサディストなんです。

ジャンに乱暴された彼女は、辱められ、ショックを受けた様子で舞台に戻ってきます。処女と地位を1度に失ってしまったからです。その後は、地獄への道行が続きます。ジュリーはジャンに自分を殺してくれるように懇願します。名誉を守る道が他にはないのです。そして、彼女はたったひとりで、舞台の上で息絶える。

上演時間は1時間で、ジュリーはほとんど出ずっぱり。ダンサーにとってはすべてを試すことができる信じられない役です。

テクニックにおいても、演技においても、アナ・ラグーナには本当に助けられました。女性としても大好きだし、アーティストとしても、ジュリー役を本当に正確に繊細に指導してくれた、寛大で唯一無二の方です。

彼女とは何時間も話し合いました。とても複雑なジュリーという役を、彼女の感情や欲求不満を、できるかぎり深く理解したかったからです。

アナはかなり早くから舞台リハーサルを始めました。ダンサーに疲労を忘れさせるため、そしてもちろん、ダンサーが細かい部分まで役作りを行えるようにするためです。マッツもそうですが、アナも疲れを知らない仕事ぶりで、幾度も修正を行いながら、ベストを追求します。初日公演の直前に、マッツがリハーサルに訪れました。彼は私たちのリハーサルにとても満足したよ

4点とも：エレオノーラ・アバニャートとステファン・ビュリオンの舞台上でのリハーサル
Photos © Aurélie Dupont

上：リハーサル中のアナとニコラ　中段左：マッツ・エックとニコラ　中段右：指導してくれたアナ・ラグーナ　下段左：同じジュリー役を踊ったエヴ・グリンシュタイン、オドリック・ベザールと私　下段右：ジャンに思いを寄せる娘役のシャルロット・ランソン

Photos © Aurélie Dupont

右頁：ニコラとの「令嬢ジュリー」リハーサル
© Ann Ray / Opéra national de Paris

うで、それは私たちの自信にもなりました。

ニコラとの最後の公演

　今回の公演は、私がニコラとガルニエ宮で踊る最後の公演です。彼は数ヵ月後に退職しますし、この作品以降、彼と共演する予定はないですから。彼の踊るジャンは素晴らしいし、彼と踊る1秒1秒を大切にしたいと思っています。

　最後に、ガルニエ宮の『オネーギン』でアデュー公演を行ったイザベル・シアラヴォラにも触れておきたいわ。彼女は輝かしくて、大喝采を受けていました！知り合ったのは遅かったけれど、彼女は素晴らしい女性です。彼女にキスを送るとともに、今後の活躍を祈ります。

　もうすぐ『椿姫』の東京公演でみなさんにお会いします。というわけで、次回のレポートは日本で書きますよ！

　それじゃあ、またすぐに。

オーレリ

3点とも：エレオノーラ・アバニャートとステファン・ビュリオンの舞台上でのリハーサル
1番下はエレオノーラ演じるジュリーの婚約者を踊ったヤン・サイズ
Photos © Aurélie Dupont

Mars

パリ・オペラ座がツアーで来日（2014年3月13〜23日）。オーレリは20日と22日昼に『椿姫』に主演した。相手役はエルヴェ・モロー。彼女にとって、オペラ座とともに日本で踊ることも、『椿姫』を踊ることも、これが最後の機会となった。

親愛なる読者のみなさんへ。またお会いできてうれしいわ！今月はパリ・オペラ座バレエの『椿姫』の東京公演についてお話しします。

「椿姫」は私のすべて

今回のツアーの『椿姫』のキャストには多くの想いがこめられていました。退職したばかりのイザベル・シアラヴォラがマチュー・ガニオと、数ヵ月前に退職したアニエス・ルテステュがステファン・ビュリオンと、そして私がエルヴェ・モローと踊りました。そして、これが、私たち3人にとって最後の『椿姫』公演だったのです。

私にとって今回のツアーが大切だった理由はいくつかあります。ひとつは、私にとって最後の『椿姫』だったこと。それから、その公演が私の第2の「芸術的」ホームグラウンドである東京で行われたこと。とても緊張しました……

退職までの秒読みが始まると、踊るのが最後となるだろう作品を踊ることになります。こうして、いくつかの役に別れを告げなければならなくなります。そのなかには「アデュー」を言うのが他の役以上につらい役があるんです！

『椿姫』は私のすべてとも呼べる役、自分を発見し、成長し、演じ、自分を開花させることを教えてくれた役です。

パリ・オペラ座日本公演　東京バレエ団スタジオで行われたクラス、リハーサルにて
（上から）とても身体の柔軟なマチュー！／（2点続けて）イザベルとマチューの「椿姫」リハーサル／とても才能豊かなバレエ・ミストレスのクロチルド・ヴァイエ

Photos © Aurélie Dupont

「椿姫」が上演された東京文化会館の舞台裏にて
(上段左から時計回りに) 髪をセット中のアドリアン・ボデ／いたるところに書き込みがある東京文化会館の壁。ヴァレンティン・コラサントとアドリアン／プリュダンス役のヴァレンティン／リハーサル後のエルヴェ／私たちの最高のドレッサーたち／クリストフ・デュケンヌ (右) とヴァンサン・シャイエ
左頁：パリ・オペラ座日本公演　東京バレエ団スタジオで行われたクラス、リハーサルにて
上：私の大好き！な"家族"の記念写真 (左からマチュー、イザベル、エルヴェ、私、ステファン、アニエス)
　　中段左：私の素敵なアルマンと！　中段右：イザベルとマチューのリハーサル　下：イザベルと
Photos © Aurélie Dupont

「椿姫」が上演された東京文化
会館の舞台裏にて
上：劇場スケジュール　中：楽
屋の部屋割り表　下：滞在先
のホテルに掲示されているリ
ハーサル予定
Photos © Aurélie Dupont

　初めて踊ったころのマルグリットは、年月を経て、私とともに成長し進化してきました。

　初役デビューはマニュエル・ルグリと踊りました。私にとって、初めて踊った「演じるべき」大役、テクニックの難易度が障害となっているわけでも、必須なわけでもない大役のひとつがマルグリットなんです。とても幸せでした！　ダンスによる演劇のような作品ですから。

　すぐに、マルグリットという役、音楽、衣裳、パ・ド・ドゥの親密性、ストーリー展開、演出を好きになりました。

　マルグリットは、すべての女性ダンサーが学ぶべき役だと思います。まったく新しい感情を与えてくれる役だし、ストーリーがうまく構成されているので、そのストーリーを実際に生きているような印象を持てます。私が緊張を感じたのは、役を正しく演じられないんじゃないか、役の素晴らしさを十分に活かせないんじゃないか、役の思いや感情を自分が望むように表現できないんじゃないか、という恐れによるものでした。

　この作品は、振付がとてもうまく構築されていて、詳細な部分まで厳密に振付けられている反面、パートナーとの演技の部分は完全に自由になっています。その証拠に、キャストによって公演が全然変わりますし、それぞれ異なる面白さがあるのです。

最高のパートナー、エルヴェと

　東京ではエルヴェ・モローと踊りました。願い得る最高のパートナーでした。2人とも同じようにこの作品を愛し、演技、音楽、演劇性に対して同じような感性を共有しています。それから、彼も私も、パートナーの反応を感じながら踊る、直感的なダンサー。だから、リハーサルもとても楽しかったです。

私は、自分の役作りにおいても、パートナーに対しても、いつも直感を大切にしています。直感があるからこそ、別のアイディアを見つけることができるし、舞台で役をたんに「なぞる」ことを避けられるのです。

『椿姫』は以前に何度も踊ったことがあるので、テクニック的な問題はもう2次的なものでした。私たちが行ったのは、ストーリー、細部、音楽性を発展させること、そして何よりも一緒に自然に踊ることの喜びを深めることでした。なぜなら、『椿姫』はダンスのパを見せるのではなく、2人の間に流れる感情のドラマだけを見せなければいけないからです。

告白すると、『椿姫』の公演ごとに、私はエルヴェと恋に落ちていました！ 他のパートナーには感じたことのない、何か特別なものを感じていたんです。彼が私を見つめる目のせいだったのかしら？ 彼自身さえ意識していない快い誠実な魅力が、マルグリットを演じる私を感動させてしまうんです！

彼は、ヌレエフ版とサシャ・ヴァルツ版の『ロミオとジュリエット』で私のロミオでしたが、彼への愛のために何度死んだかわかりません！

日本のみなさんの愛に感謝！

私の東京での最後の『椿姫』は、このうえなく充実したものになりました。この素晴らしい役の1秒1秒、細かい部分まですべて、真摯に生きることができました。一瞬一瞬を、思う存分、心ゆくまで味わい尽くしました。

こんなふうにマルグリットに別れを告げることができて本当に幸せです。いままでで最高の『椿姫』になったと思います。それはおそらく最後の公演だったからかもしれないし、たんに、自分が成長しているから、いつも成長しようとしているからかもしれません。また

「椿姫」が上演された東京文化会館の舞台裏にて
上："私の衣装コンテナ" 下："東京バレエ団、50周年おめでとう！"

Photos © Aurélie Dupont

は、やっと役をちゃんと理解しはじめてきたからなのかも……

日本の観客のみなさんの喝采は、一生忘れません。永遠に私の記憶と心のなかに刻み込まれるでしょう。

天才的な才能で女性ダンサーのためにこの役を創ってくれたジョン・ノイマイヤーに感謝するとともに、私を愛し、その愛を私にあんなに素晴らしく見せてくださった日本のみなさんに感謝します。とても個人的な「アデュー」だけど、私にとってもっとも素晴らしい役への「アデュー」を東京で行えたことを誇りに思います。

それではまたすぐに。

みなさんを心から愛する
マルグリットより

左頁：劇場にて（上から時計回りに）最後にマルグリットを踊った3月22日の記念に。私の大のお気に入り写真です！／着付け中のイザベル。とても綺麗！／ブリジット・ルフェーヴルとミカエル・ドナール。彼と共演できたことは本当に喜び！／次世代の注目ダンサー、レオノール・ボラック／舞台袖から。アニエスとステファンの崇高な瞬間／とても素晴らしいプリュダンスを踊ったサブリナ・マレム／マノン役を踊ったローラ・エケ／最初の"鏡"のパ・ド・ドゥを稽古しているイザベルとマチュー

（上から）イザベルとイザベル!!／終演後、楽屋口にて"ありがとう、みなさん！"／ファンからいただいた花束"ありがとう！"

Photos © Aurélie Dupont

2014/2015 シーズンより芸術監督に就任するミルピエによる『ダフニスとクロエ』はシーズン最大の話題作(2014 年 5 月 10 日～ 6 月 8 日)。ミルピエはフランス出身、NY で活躍。映画『ブラック・スワン』の振付を担当し女優ナタリー・ポートマンと結婚。

ミルピエの新作

4 点とも:ミルピエ新作『ダフニスとクロエ』のリハーサル風景
(上から 2 点続けて) プレス用のトレイラー映像を撮影中のバンジャマン・ミルピエ/カメラをのぞいて自分の演技をチェックするフランソワ・アリュ/撮影中のカメラ
Photos © Aurélie Dupont

　親愛なる読者のみなさん、今回はバンジャマン・ミルピエの新作『ダフニスとクロエ』についてお話ししましょう。

　偶然なのですが、これは彼がオペラ座の新芸術監督の職を引き受ける前に、ブリジット・ルフェーヴルから創作を委嘱された作品です。そして、この作品が、彼、それから初演に参加するダンサーたちにとって、お互いを知り合い、理解を深める素晴らしい機会となったのです。

　私自身は、数年前にバンジャマンがオペラ座のために『アモヴェオ』を創作したときに、すでに彼と仕事をしました。彼との共同作業はとても素晴らしかった。彼は、オペラ座のために多くの意欲を持つ若い芸術監督です。彼の米仏的なセンスはカンパニーにとって武器になると思います。

　彼はオペラ座をより国際的なカンパニーにしようと思っています。多くの点を改善しようと考えている彼にとって、今回の新作上演は将来に向けた「現状視察」のようなものにもなっているの。今回の初演で、彼はダンサーたちを発見するだけでなく、彼らの仕事のやり方も観察しています。彼はダンサーのタイムスケジュールをハードすぎると思っているよう。それから、フロアやリノリュームにも問題があるため、早急に新し

いものに交換するつもりだそう。

じつのところ、エトワールは普段は11時から16時まで休憩なしでリハーサルして、16時半から19時まで再びリハーサルを行っています。これはハードなスケジュールだし、こんなにも長時間集中力を保つのは難しいの。

バンジャマンはオペラ座の広報活動も改善したいようで、これは名案！ 彼は今回の新作の宣伝ビデオも制作したのだけど、これが素晴らしいビデオで、オペラ座に観客を集めるためのもっとも効果的な手段にもなっています。

ダンサーたちはバンジャマンをとても信頼していて、彼に多くの期待を寄せています。彼らは大きな変化を待っているのです。私もいまになって思うのですが、ダンサーには新しいモチベーションを見つけて、カウンターをいったんゼロに戻して、新しいルール、気持ち、視点で再始動するのが必要なときがあります。この点で、現在のカンパニーは最適な状況にあります。1世代のダンサーたちが退職し、新しい世代のダンサーたちが彼らに入れ替わろうしている時期だから。

私の考えでは、新しい芸術監督は、就任すると、カンパニー全体においても、ダンサーにおいても、新しさを必要とします。なにか新しいもの、少なくとも、その後の土台となるような、自分自身を反映した何かを取り込まなければ、と考えるのです。新作上演のおかげで、バンジャマンは、その問題を考え、自分のペースで新しい職務に取り組むことができるんじゃないかしら。だから、彼にとってはこのリハーサル期間がとても重要な日々になっているはず。

ミルピエ新作「ダフニスとクロエ」のリハーサル風景
上3点とも：フランソワが踊る海賊ブリアクシス役の踊りを撮影中。上から2番目のカットは、フランソワのポジションについて指示を出すカメラマン！
下2点：ドルコーン役を踊るアレッシオ・カルボネと、リセオン役のエレオノーラ・アバニャート
Photos © Aurélie Dupont

「ダフニスとクロエ」リハーサル
（上から2点続けて）エレオノーラとエルヴェ／オペラ座の新星、ジェレミー＝ルー・ケール（コリフェ＊連載当時）／レオノール・ボラック（コリフェ）。彼女は次のスターよ！／エヴ・グリンシュタインとアレッシオ
右頁：一緒に初日を踊るエルヴェと
Photos © Aurélie Dupont

充実したリハーサル

リハーサルは順調です。またエルヴェ・モローと踊ることができるのは最高の喜び！ ラヴェルが作曲した音楽も素晴らしいの！

今回の公演では、バンジャマンの意向によって、私が再度彼の新作初演に参加することになりました。また、彼の希望で、私がエルヴェと初日を踊ることになりました。これは大きな意味を持つことで、バンジャマンが私に新たな信頼を寄せてくれていることを知って感激しました。

新作の場合、コリオグラファー自身が選んだ第1キャストに合わせて振付を行うもの。これは名誉なことでもある反面、大きな責任を負うことになります！ ダンサーはとても柔軟に、コリオグラファーの意志をできるだけ忠実に理解しなければいけないからです。コリオグラファーの振付言語を学び、彼の探し求めているものを感じとり、彼を納得させるようなムーヴメントを実行しなければいけないのです。

バンジャマンとのリハーサルはとても面白いわ。彼は創作するのがとても速いの。あらかじめ音楽を研究しているので、自分のやりたいことについてとても明確なアイディアを持っています。最初のリハーサルから、彼はダンサーをとてもリラックスさせていました。でも、いま自分と一緒にリハーサルしているコリオグラファーが次期芸術監督であることを意識しないのは難しいし、そのためにプレッシャーはいつもあります。でも、リハーサル中はそれを忘れてしまうんです。

新作に参加するダンサーは約30名で、全員がバンジャマンといま仕事をしていることを幸運に思っています。もちろん、私は彼を前から知っているので、私の感じているプレッシャーは、カンパニーの若いダンサー

たちが感じているプレッシャーとは同じではありません。私にとってバンジャマンは友だちですが、もっとも若いダンサーにとっては自分のキャリアを左右する芸術監督なんですから。

バンジャマンの長所のひとつは、彼が優れたパートナーだということです。彼のリードはとても巧みで、彼の能力の高さはダンサーの驚きの的です。彼らが10分かけて覚えることを30秒でやってのけるの。彼の仕事のスピードはかなり速くて、エネルギーがいっぱい。初日は5月10日のオペラ・バスティーユだけど、作品はほぼ完成しています。

私は彼をじゅうぶんに信頼していますし、ダンサーも初日を前にストレスも不安もいまのところは感じていないよう。リハーサル場の雰囲気はとてもいいし、ダンサーたちもとても集中しています。それは当然のことなんですけれど！

来月は初日公演についてお話ししますよ！　それまでみなさんが幸せでありますように！　またすぐにお会いしましょう！

オーレリ

「ダフニスとクロエ」リハーサル
（上から）コリフェ（連載当時）のジェルマン・ルヴェ。有望な若手ダンサーです／エヴとアレッシオ／（2点続けて）「若きダンサーたち」でミルピエ振付「アモヴェオ」のパ・ド・ドゥを踊るレオノール・ボラックとジェレミー＝ルー・ケール。2人で練習中／マルク・モロー／ユーゴー・マルシャン（右）とケール

Photos © Aurélie Dupont

Mai

5月10日、ミルピエ振付『ダフニスとクロエ』が初日を迎えた。オペラ座はガルニエ宮とオペラ・バスティーユ、2つの劇場を持つ。バレエ公演はガルニエ宮で行われることが多いが、今回はバスティーユで上演された。

幕を開けたミルピエ新作

ボンジュール、みなさん！

お元気ですか？　今回もみなさんに"メイド・イン・パリ"の最新レポートをお届けできてうれしいです。

バンジャマン・ミルピエの新作についての続きをお話しします。

舞台リハーサルは初日の10日前に始まりました。公演場所はオペラ・バスティーユ。ここでの公演はダンサーにとっていつも大仕事なんです。ホームシアターだというのに、まるで海外公演に出かけるかのように、あらゆる事態を想定して、自分の荷物を全部運びこまなければいけないの！　専用の楽屋もないに等しくて、実際のところ、快適さを感じるには時間がかかります。

劇場自体もガルニエ宮とはとても異なっているし、慣れ親しんだ場所ではなく、劇場関係者の人たちもあまりなじみがないけれど、ステージはとても快適です。ステージも舞台袖もとても広いので、とても心地よい解放感を感じられるんです。

ダニエル・ビュランの舞台セットを初めて見たのは1回目のリハーサルのとき。とてもモダンでシンプルなもので、素晴らしいと思いました！　バンジャマンは照明の明暗をとてもよく計算していました。その出来ばえを見ると、どうしていつもこんなふうにしないのかと不思議に思われるくらい。

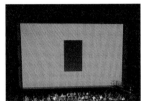

「ダフニスとクロエ」(バンジャマン・ミルピエ振付)の舞台リハーサル
下2点:主役を踊ったマチュー・ガニオ
Photos © Aurélie Dupont

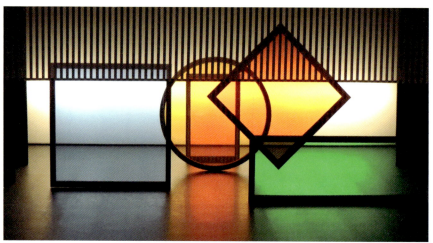

「ダフニスとクロエ」の舞台リハーサル
上：ダニエル・ビュランの素晴らしい舞台セット　中段2点とも：エルヴェと私同様、主役を踊ったマチューとレティシア

Photos © Aurélie Dupont

照明にしても衣裳にしても、ダンサーをとても引き立たせていて、これは私たちにはとてもうれしいことで、安心感も与えてくれます。あとは作品を存分に味わいながら自由に踊ればいいだけだから。

実際、バンジャマンが公演前に与えてくれた唯一のアドバイスがこれでした。「踊ること、音楽を聴くこと、ステージ上の他のダンサーをリスペクトし、お互いに反応し合うこと」です。簡単で当然のことかと思われるかもしれないけれど、このような意識は、たとえば今回同時上演された『水晶宮』ではあまり現れていないんです。

初日公演は信じられないくらいの成功で、観客席は熱狂していました。バンジャマンはダンサーの出来にとても満足していて、ステージ上の雰囲気も素晴らしかったです。

今回の新作上演では、ダンサーたちはとても落ち着いていて、初演のストレスは全然感じていませんでした。

リハーサルでのバンジャマンは、とても冷静で、安心しているようでした。すべてがスムーズで、彼はダンサーをとても信頼していました。だから、ダンサーもこの新作に力を注ぎ、その結果、自信をもって、初演を行うことにワクワクしながら公演に臨むことができたのです。

ブリジット・ルフェーヴルがバンジャマンに『ダフニスとクロエ』の振付を依頼したとき、彼はまだ次期芸術監督になることを知りませんでした。それなのに、今回の新作は、彼にとって苛酷なチャレンジとなり、パリ中が彼の実力を見極めようと公演につめかけることになったのです。もしかしたら最悪の結果になっていたかもしれない……でも結果は完全な勝利でした！

上：レティシアとマチュー
下2点：マルク・モロー
Photos © Aurélie Dupont

上：ドルコーン役のアリステ・マダンとリセオン役のレオノール（・ポラック）「完全にぶれてしまったけれど、私のお気に入りの1枚！ フランシス・ベーコンの絵画のようでしょ」 下2点：主役キャストのマルク・モローとアマンディーヌ・アルビッソンのリハーサル

Photos © Aurélie Dupont

予期せぬグッドニュース！

　現在、公演はまだ続いてますが、合間をぬって、次の公演、アレクセイ・ラトマンスキーの『プシケ』とジェローム・ロビンズの『ダンセズ・アット・ア・ギャザリング』のリハーサルをしています。今シーズンで私が踊るのは、この2作品でおしまい。9月には、私にとってオペラ座での最後のシーズンが始まります。なんて時間が経つのが速いのかしら！

　でも、いいニュースもあるんです！

　バンジャマンに、自分が芸術監督に就任したら、私にスタッフとして加わってほしい、と頼まれたんです。メートル・ド・バレエになってほしいということで、喜んで引き受けました。退職後も劇場に留まって、おもにソリストの指導をすることになったんです。

　これは大きな冒険！ 予期していなかったことだし、正直、こんなふうに進展するとは思っていなかったから。でも、とてもうれしい。

　バンジャマンとはとても気が合うし、彼との共同作業がうまくいったことは私の考えだけではなく事実でもあります。彼が私を信頼してくれていることが、とてもうれしいんです。

　彼は私が踊りを辞めることには反対で、踊りつづけることを強く望んでいます。だから、両方をこなすために、時間割を考えなきゃならないわ！

　これは私に与えられた新しい生活だし、私はとても幸運。本当に、運とか、タイミングとか、出会いというものは、キャリアにおいて重要な切り札となるんだわ……。

　今回はここまで。またすぐにお会いしましょう。

みなさんに忠実な
オーレリ

uin

2013/2014 シーズンの最後は、ラトマンスキー振付『プシケ』とロビンズ振付『ダンセズ・アット・ア・ギャザリング』(2014年6月19日〜7月7日)。オペラ座とも縁の深いロビンズ作品を踊る喜びを語って、オーレリのレポートは幕を閉じる。

シーズン終了！

親愛なる読者のみなさん。シーズンも終わりになりました。ですから、今回が私の最後の"メイド・イン・パリ"のレポートとなります。

今月のオペラ座は大変だったの！

私はラトマンスキーの『プシケ』を踊ることになっていました。これは彼が3年ほど前に私とエルヴェ・モローのために振付けてくれた作品。そのときはエルヴェが怪我してしまって、ステファン・ビュリオンと踊りました。

今回の再演では、エルヴェがまた舞台リハーサルの数日前に降板してしまいました。膝の調子が悪かったので、リスクを避けるために降板することに決めたのです。

こうして私はパートナーを失ってしまったどころか、別のダンサーとリハーサルをすることもできない状況に陥ってしまいました。初日が目前にせまっていたので、悲しいけれど、「踊るのは無理」と現実を受け入れることにしました。初日の公演はレティシア・ピュジョルに譲り、彼女はとても才能ある若手ダンサー、マルク・モローと踊りました。

リハーサルをし、役をもう1度覚えなおし、作品に入りこんで、最後の最後で舞台に出られなくなるのは、いつもつらいことです。

「ダンセズ・アット・ア・ギャザリング」舞台リハーサルにて (上から)「美しいアマンディーヌ！」／アマンディーヌとジョシュア・オファルト／リュドミラ・パリエロとカール・パケット、本番中の舞台裏で／カールとクリストフ・デュケンヌ
Photos © Aurélie Dupont

「ダンセズ・アット・ア・ギャザリング」舞台リハーサルにて
(上から)アマンディーヌ・アルビッソンとオドリック・ベザール/アマンディーヌと振付指導のジャン=ピエール・フロリッシュ/オドリックはカールと同じ役を交替で踊りました
Photos © Aurélie Dupont

でも、それもリスクのひとつ。「十分に準備ができていない」とか「不安が残る」とか思いながら舞台に立つのなら、誰かに役を譲るほうがまし、と私はずっと思ってきました。

ラトマンスキーは残念がっていたけど、それは私たちも同じこと。それが、他のダンサーにとってチャンスとなってくれたのが救いかしら。スジェのシャルリーヌ・ギゼンダナーが、プルミエ・ダンスールのピエール=アルチュール・ラヴォーと踊ることになったんです。それから、ゲストでディアナ・ヴィシニョーワがエヴァン・マッキーと踊ります。

ロビンズの傑作を踊る喜び

私はまったく踊らなかったわけではありません。同じ公演でロビンズの傑作『ダンセズ・アット・ア・ギャザリング』が上演されましたから。

これは、コール・ド・バレエは登場せず、カンパニーのソリストが大集合する作品。ダンサーって、こういった作品を踊るとき、ある種の誇りを感じるんですよ。私も、毎晩一緒に出演する素晴らしいダンサーたちを見ながら、カンパニーを誇らしく感じていました。

本当に素敵な作品なんです。パ・ド・ドゥだけで構成された作品だけど、なにか深みのようなものが感じられるの。マチュー・ガニオが「ブラウン・ボーイ」役で、作品の冒頭に登場するんですが、私の解釈ではこの役は作品の要。『ダンセズ』は「ブラウン・ボーイ」の自伝のような作品で、彼が踊らない部分は彼の回想シーンなんです。だから、喜びだけではなくて、ノスタルジーもあるんです。

ショパンの音楽にもそれが感じられます。ユダヤ系の彼の音楽に感じられるユダヤ的なものを、ユダヤ系

上:ノルウェン・ダニエルと私　中段:マチュー・ガニオ(左)／リュドミラとカール「カールはパートナーを気遣ってくれる男性なの!」下段2点とも:「素敵なマチュー!」
Photos © Aurélie Dupont

「プシケ」リハーサルにて
(上から) 女性コール・ド・バレエ／男性コール・ド・バレエのリハーサル／主役を踊ったシャルリーヌ・ギゼンダナー／レティシア・ピュジョルとシャルリーヌ
Photos © Aurélie Dupont

ニューヨーカーのロビンズがダンスに翻訳した。だから、純粋なクラシック・バレエだけではなく、彼らの出自に発想を得た民族舞踊のような部分もあるんです。

　もちろん、楽しいユーモアやスタイルもありますよ！ それぞれのダンサーの役がコスチュームの色で分けられているの。ピンクや、紫や、ブルーなど……。私の役は緑！

　私のパートはとても短くて、舞台に登場するのも始まってから20分後。ちょっとストレスを感じる役だけど、観客にとって、この不意に登場する役は面白いのではないかしら？ 最初に踊るのは、魅力とユーモアたっぷりのヴァリエーション。何年か前に踊ったパ・ド・ドゥを思い出しながら踊っているように、まるで昔を思い出しているかのように踊るんです。とても面白い振付だし、年長のダンサーがこの役を踊ることが多いのは、やはりそれなりの経験が必要とされるからでしょう。この役で唯一難しいのは、ずうずうしい態度で踊ること。でも完全な芸術性が要求されるんです！ 初演ダンサーがヴィオレット・ヴェルディ、と言えばおわかりでしょ？

　舞台上でのダンサー間の雰囲気はとてもいいです。理由は、それぞれのダンサーが完璧に自分の役と溶け合っているからです。

　今回の再演は、ジャン＝ピエール・フロリッシュとクロチルド・ヴァイエが行いました。彼らはとても寛大で陽気な人たちで、素晴らしい再演となりました。もともと踊るのが難しい作品だけど、雰囲気が悪いともっと難しくなってしまうの。でも、これはどんな作品についても言えるわね！

　私のシーズンは『ダンセズ・アット・ア・ギャザリング』で終わりましたが、勅使川原三郎氏とすでに日本の公演の準備に取りかかっています。夏にまた日本に行け

るのがとてもうれしい！

　今シーズンは読者のみなさんととても素敵なひとときを過ごすことができました。レポートを書くのはとても楽しかったし、写真を撮るのも楽しかった！　ありあまるほど撮ったから、いつでも写真展を開けるわよ！

　私を全面的に信頼して毎月こころよく写真を撮らせてくれたオペラ座バレエの仲間たちにも感謝します。

　最後に、私を信じて、こんな素敵なプロジェクトを提案してくれた「ダンスマガジン」にも感謝します。

　私のアデュー公演は来年の5月18日の『マノン』になりました。私が愛する読者のみなさん、私はアデューのときまでみなさんを愛し続けます。

オーレリ

「プシケ」リハーサルにて
上：振付のアレクセイ・ラトマンスキー　下：コール・ド・バレエのロレーヌ・レヴィとアレクシス・ルノー
Photos © Aurélie Dupont

華麗なるステージ・アルバム
1995-2015

「パキータ」（1995年　パリ・オペラ座バレエ日本公演）*Paquita.* © Hidemi Seto

「スターズ・アンド・ストライプス」(1996年 「ルグリと輝ける仲間たち」) マニュエル・ルグリと
Stars and Stripes with Manuel Legris. © Hidemi Seto

左:「グラン・パ・クラシック」(1995年「ピエトラガラとパリのソリストたち」) 右上:「ナポリ」パ・ド・シス (1995年 パリ・オペラ座バレエ日本公演) 右下:「トリオのためのパーカッション」(1995年「ピエトラガラとパリのソリストたち」)
Left : *Grand Pas Classique*. Above right : *Napoli*. Below right : *Percussions pour un trio*. Photos © Hidemi Seto

「グラン・パ・クラシック」(1998年「ルグリ、ルディエールと輝ける仲間たち」) マニュエル・ルグリと
Grand Pas Classique with Manuel Legris. © Hidemi Seto

「眠れる森の美女」(1997年 レニングラード国立バレエ日本公演)
ニコラ・ル・リッシュと *The Sleeping Beauty* with Nicolas Le Riche.
© Hidemi Seto

「マノン」出会いのパ・ド・ドゥ (1998年「ルグリ、ルディエールと輝ける仲間たち」) マニュエル・ルグリと
Manon with Manuel Legris. © Hidemi Seto

「ラ・バヤデール」(1998年 パリ・オペラ座バレエ) カデル・ベラルビと
La Bayadère with Kader Belarbi. © Colette Masson/Roger-Viollet

「ドン・キホーテ」1998年12月31日、エトワールに任命
© Icare/Opéra national de Paris

　1995年のパリ・オペラ座バレエ日本公演で、当時スジェながらすでに未来のエトワールが約束されたような輝きを見せたオーレリ。ダンスマガジンの初インタビューでは、自分のことを「内気なんだけれど、舞台の上にあがれば、自分のなかにある炎を伝えることができるんです」(95年7月号)と語っていた。

　マニュエル・ルグリによる人気シリーズ公演「ルグリと輝ける仲間たち」には、96年の初回から参加。98年にはパリで初めて踊ったばかりの『マノン』を披露。

　「『マノン』は、テクニック以上に、物語や感情、とくに愛を表現しなければならない。……"これこそ本当に私のやりたかった作品だ"と思ったんですよ」(98年10月号)

　同年12月31日、『ドン・キホーテ』を踊り、念願のエトワール任命を受けた。

　「いままでの自分のキャリアを認めてもらえて、とてもうれしかった」と喜びを語りつつ、「私たちの世代はヌレエフを知りません。天才ヌレエフという心の支えがないぶん、私は独力でエトワールに昇りつめたという自信をもつこと

ダンスマガジン1995年11月号

ができるし、そういった世代がつぎつぎと活躍していくのはいいこと」(99年6月号)と意欲を見せた。以降、ますますルグリとのパートナーシップが深まり、多くの名演が生まれていった。

「マニュエルと踊ると、自分自身が急速に成長しているのがわかるんです！ ……彼は私のコーチであり先生だったのですが、その後彼は私が自分自身の踊りを踊らなければいけないことを理解して、いまではかなり自由に踊らせてくれるんです。彼は私の変化を認識し尊重してくれる素晴らしいパートナーです」(2000年7月号)。ルグリとともに、世界バレエフェスティバルには第9回(2000年)より参加。しかし、順調にキャリアを積んでいくなか、膝の怪我という試練もあった。

「(休んでいた1年間は)必ず復帰するんだ、というポジティヴな気持ちを持ちつづけるよう努力しました」(03年11月号)

怪我のため03年のオペラ座日本公演は参加できず、オーレリが日本でオペラ座とともに主演したのは、06年の『パキータ』が初めてだった。

「眠れる森の美女」(2000年　第9回世界バレエフェスティバル全幕特別プロ)
The Sleeping Beauty. © Hidemi Seto

ダンスマガジン 1999年12月号

「チャイコフスキー・パ・ド・ドゥ」(2000年　第9回世界バレエフェスティバル)
マニュエル・ルグリと　*Tchaikovsky Pas de deux* with Manuel Legris.
© Hidemi Seto

「小さな死」(キリアン振付/2000年 第9回世界バレエフェスティバル)マニュエル・ルグリと
Le Petit Mort with Manuel Legris. © Hidemi Seto

「カルメン」(プティ振付/2000年 第9回世界バレエフェスティバル)
マニュエル・ルグリと *Carmen* with Manuel Legris. © Hidemi Seto

「ジゼル」(2000年 ミラノ・スカラ座バレエ日本公演)マキシミリアーノ・グエラと
Giselle with Maximiliano Guerra. © Hidemi Seto

「パキータ」(2006年 パリ・オペラ座バレエ日本公演) マニュエル・ルグリと
Paquita with Manuel Legris. © Hidemi Seto

「パキータ」(2006年 パリ・オペラ座バレエ日本公演)
Paquita. © Hidemi Seto

「マノン」沼地のパ・ド・ドゥ（2003年 第10回世界バレエフェスティバル）マニュエル・ルグリと
Manon with Manuel Legris. © Hidemi Seto

「エスメラルダ」（2004年「ルグリと輝ける仲間たち」）
La Esmeralda. © Hidemi Seto

「（振付の）ラコットのおかげで、今回、私のコメディエンヌとしての才能が発揮できたのではないかと思います。……やはり年齢を重ねていくと、人間として幅が出てきますし、内面を掘り下げていくなかでいろいろな引き出しができてきます」(06年7月号)

同年秋には、ノイマイヤーのドラマティック・バレエの傑作『椿姫』がパリ・オペラ座にレパートリー入りし、オーレリもルグリとともに主演。

「踊り終えたとき、精神的にも肉体的にもからっぽになっていました。……マルグリット役には成熟が要求されますが、私もやっとその段階に達したんだと思います」(06年9月号)。その直後の第11回世界バレエフェスティバルでも、キリアンがオーレリとルグリに振付けた『扉は必ず…』と同時に、『椿姫』第2幕のパ・ド・ドゥを披露した。

「私たちの親密な雰囲気がとてもよく出たパ・ド・ドゥだと思います。…ここでは愛そのものを2人は生きているんです」(06年9月号)

08年5月、長男ジャックくんを出産、「最高の母親になりたい」と喜びを語った。

ダンスマガジン2004年1月号

「自分の家族を持ちたいという考えはずっと心のなかにありました。……母親としての経験によって、女性は人生をまた異なるプリズムを通して見ることができるんだと思う。この経験は舞台にきっと反映されるはずです」(08年8月号)。その言葉どおり、約半年後に舞台復帰すると、クランコの傑作『オネーギン』を踊るなど、さらに輝きを増していった。この間、ルグリが定年でオペラ座を引退。

「私たちはお互いを双子の兄弟のように感じています。ですから、彼がオペラ座を離れたときはとても辛かった」(12年11月号)

10年のオペラ座日本公演はニコラ・ル・リッシュとの『ジゼル』。

「ニコラと一緒に芸術監督のルフェーヴルに直訴したの。"日本は第2の故郷なので、ぜひ行かせてください"って」(10年5月号)

翌11年には次男ジョルジュくんを出産。第13回世界バレエフェスティバル(12年)では、若手エトワールのジョシュア・オファルトとのパートナーシップも披露。14年の

ダンスマガジン 2005年1月号

「ソナチネ」(2009年 第12回世界バレエフェスティバル) マニュエル・ルグリと
Sonatine with Manuel Legris. © Hidemi Seto

「アザーダンス」(ロビンズ振付/2010年「マニュエル・ルグリの新しき世界」)
デヴィッド・ホールバーグと *Other Dances* with David Hallberg.
© Hidemi Seto

「椿姫」(2006 年 パリ・オペラ座バレエ) マニュエル・ルグリと
La Dame aux Camélias with Manuel Legris. © Hidemi Seto

77 「椿姫」(2006 年 パリ・オペラ座バレエ) マニュエル・ルグリと *La Dame aux Camélias* with Manuel Legris. © Hidemi Seto

「椿姫」(2006 年 パリ・オペラ座バレエ)
La Dame aux Camélias. © Hidemi Seto

「ジゼル」（2010年　パリ・オペラ座バレエ日本公演）ニコラ・ル・リッシュと
Giselle with Nicolas Le Riche. © Arnold Gröschel

「オネーギン」（2011年　パリ・オペラ座バレエ）エヴァン・マッキーと
Onegin with Evan McKie © Francette Levieux

「令嬢ジュリー」（2014年　パリ・オペラ座バレエ）ニコラ・ル・リッシュと
Mademoiselle Julie with Nicolas Le Riche © Francette Levieux

「椿姫」(2014年 パリ・オペラ座バレエ日本公演) エルヴェ・モローと
La Dame aux Camélias with Hervé Moreau. © Hidemi Seto

オペラ座日本公演では、『椿姫』を「自分と感性が似ている」というエルヴェ・モローと踊り、大絶賛を博した。

「エルヴェと踊る『椿姫』は、私にはとても自然に感じられるんです」(14年6月号)

同年、オペラ座で勅使川原三郎作品に出演したことが縁で、東京での勅使川原とのコラボレーション(『睡眠』)も実現した。

「私が自分の仕事で好きなのは、『椿姫』を踊った後に勅使川原三郎のような人と仕事ができることなんです。(古典か現代作品かの)どちらかに偏るのは自分のなかに引きこもるというか、現代という時代とうまく向き合えなくなるような気がする」(14年6月号)

2015年5月18日、ついにオーレリに"アデュー"、エトワール引退の日が訪れた。演

ダンスマガジン 2007年2月号

ダンスマガジン 2012年11月号

「アザーダンス」(2012年 第13回世界バレエフェスティバル)
ジョシュア・オファルトと Other Dances with Josua Hoffalt. © Hidemi Seto

目は『マノン』。公演翌日のインタビューで、オーレリは「『マノン』を初めて踊ったときと同じような感動を私自身も感じることができた」と満足そうに振り返った。万雷の喝采を浴び、「昨日は"これで最後だな"と思って、観客の喝采はもちろん、(ガルニエ宮の) 天井、客席、舞台、幕……さまざまなものを自分の目で写真を撮るように脳裏に焼きつけました」(15年8月号)

今後はダンサーとして踊るいっぽう、パリ・オペラ座バレエのメートル・ド・バレエとして後輩たちの指導にあたる。「最終的に引き受けることにしたのは、私がオペラ座を、そして才能をもった若いダンサーのことを愛しているからです」(14年11月号)　■

＊オーレリのコメントはすべてダンスマガジン掲載インタビューより

ダンスマガジン 2014 年 6 月号

ダンスマガジン 2015 年 8 月号

「ロミオとジュリエット」(ヴァルツ振付／ 2012 年) エルヴェ・モローと
Sasha Waltz's *Romeo and Juliet* with Hervé Moreau. © Francette Levieux

「睡眠—Sleep—」(勅使川原三郎振付／ 2014 年　勅使川原三郎＆ KARAS 東京公演) Saburo Teshigawara's *Sleep*. © Arnold Gröschel

「マノン」2015年5月18日、エトワールを引退。ロベルト・ボッレと
Manon with Roberto Bolle. © Hidemi Seto

2点とも「マノン」カーテンコールにて
At a curtain call of "Adieux" performance. Photos © Hidemi Seto

Message à Aurélie

マニュエル・ルグリ
ウィーン国立バレエ　芸術監督

© Michael Poehn/Wiener Staatsoper

2009年までオペラ座のエトワールとして活躍。デュポンとは1994年から共演し、長年にわたって輝かしいパートナーシップを披露してきた。彼女が1998年に『ドン・キホーテ』でエトワールに任命された際のパートナーもルグリが務めた。

　オーレリの踊りを初めて見たのは「若きダンサーの夕べ」だったと思う。彼女が踊る『チャイコフスキー・パ・ド・ドゥ』を見た瞬間、彼女の前に広がる素晴らしい未来が目に浮かびました。美しさ、強さ、音楽性、そして彼女を他のダンサーと大きく隔てている特別な何か！
　それ以来、彼女とは15年以上にわたって一緒に踊ってきました。
　想像してみてください。ぼくたちが忘れられない時間を過ごしたのは1度や2度ではないのです。一緒に数多くの挑戦に取り組み、お互いに責任を果たしつつ世界中で踊ってきました。素晴らしい関係を結びながら、ヴァラエティに富んだレパートリーを披露してきたのです。おそらく観客のみなさんも素敵な時間を共有してくださったことと思います。たとえば、『白鳥の湖』、『ドン・キホーテ』、『眠れる森の美女』、『ラ・シルフィード』、『パキータ』、『椿姫』、『シルヴィア』、マッツ・エック版『ジゼル』……。バランシン、ロビンズ、プティ、キリアンをはじめとする数多くのコリオグラファーの振付も踊りました。どれかひとつだけを取り出して選ぶことなんてできません。ぼくとオーレリは同じ音楽性を備え、稽古のなかで「共犯関係」になれるようなところがあった。ぼくたちは間違いなく、一緒に踊るために生まれてきたのです。
　オーレリと最後に共演したのは2年前のウィーン国立バレエでの舞台。シーズンの幕を閉じる恒例の「ヌレエフ・ガラ」で、ノイマイヤー振付『シルヴィア』のパ・ド・ドゥを踊りました。人生がこの後ぼくた

「シルヴィア」オーレリ・デュポン、マニュエル・ルグリ
Aurélie Dupont and Manuel Legris in John Neumeier's *Sylvia*. © Francette Levieux

ちに何を用意してくれているかは誰にもわからない。また一緒に踊る機会が巡ってくるかもしれません。

　5月18日、オーレリのアデュー公演は客席から観ていました。アデュー公演は特別な時間です。しかし、ぼくにとってそれはけっして悲しい時間ではありません。ダンサーがその人生でバレエのために成し遂げてきたものを目にできる素晴らしい機会なのです。オーレリの『マノン』やぼくの『オネーギン』のような偉大なバレエで終われるのならなおさらのこと。そして、このアデュー公演の後も人生は続いていきます。

　オーレリ、ぼくは君と分かち合った素晴らしい瞬間のすべてを、そしてぼくのダンサーとしてのキャリアの大部分を君と過ごせたことをとても幸せに感じている。君はぼくにとって本当に特別な存在だ。これからもずっとね！　君の第2の人生がこれまでと同じように輝きに満ちたものであることを祈っています。

「扉は必ず…」(2006年 第11回世界バレエフェスティバル) オーレリ・デュポン、マニュエル・ルグリ　Aurélie Dupont and Manuel Legris in Jiří Kylián's *Il faut qu'une porte....* © Hidemi Seto

Message à Aurélie

エルヴェ・モロー

パリ・オペラ座バレエ　エトワール

© David Elofer

1995年、パリ・オペラ座バレエ入団。2006年、『ラ・バヤデール』を踊ってエトワールに任命された際も、2012年、ヴァルツ版『ロミオとジュリエット』で怪我による3年のブランクから舞台復帰した際も、デュポンが相手役を務めた。

　ぼくがオペラ座バレエ学校に入学したとき、オーレリは最終学年でした。あの日からずっと彼女のことを見てきた。本当にあっという間に時間が過ぎ去ったことを、ぼくはアデューの舞台を見ながら感じていました。

　オーレリは本当に素晴らしかった。音楽が鳴りはじめたときには胸が痛みました。本来なら一緒に舞台に立っているのはぼくだったはずなのに……。本当に残念だったし、頭のなかでさまざまな映像が駆け巡りました。やはり最後の舞台では何かぼくの想いを伝えたくて、カーテンコールで花束を渡した。せめてこうしてオーレリを祝福することができてよかったと思います。

　オーレリと最初に踊ったのは、2003年か2004年だったと思います。演目は『チャイコフスキー・パ・ド・ドゥ』でした。マニュエル(・ルグリ)が怪我をして、芸術監督ブリジット・ルフェーヴルがぼくを相手役に指名してくれたのです。そのときぼくはまだプルミエ・ダンスールになったばかり。それでもオーレリはぼくを快く受け入れてくれました。ぼくを育ててあげたいという想いが彼女のなかにあったのだと思います。あのときは本当にうれしかった。

　それ以来、このオペラ座で本当にたくさんの魔法のような瞬間をオーレリと分かち合ってきました。彼女と踊っていると、すべてが自然と湧き上がってきます。それは会話のなかから出てくるというよりも身体そのものから感じ取られるものです。音楽性も作品に対する想

オーレリのアデュー公演カーテンコールにて
Aurélie Dupont and Hervé Moreau at a curtain call of her "Adieux" performance.
© Hidemi Seto

いもすごくよく似ています。オーレリと踊ると、言葉なしで世界を作り上げることができる。世界には数多くのダンサーが存在しますが、これだけ感性が一緒だというのは非常に稀なこと。彼女と出会い、一緒に踊ることができて本当に幸運だったと思っています。ぼくが『ラ・バヤデール』を踊ってエトワールに任命されたときも、オーレリがぼくのニキヤでした。ヌレエフ版とサシャ・ヴァルツ版の2つの『ロミオとジュリエット』、そして『椿姫』……。ぼく自身のキャリアはずっと彼女と一緒に歩んできたと言ってもいい。

　ぼくから彼女に贈る言葉は「できるだけ長いあいだ踊ってください」、それだけです。そしてできる限り長い時間、彼女と一緒に踊っていきたいと思っています。

「椿姫」(2014年 パリ・オペラ座バレエ日本公演) オーレリ・デュポン、エルヴェ・モロー
Aurélie Dupont and Hervé Moreau in John Neumeier's *La Dame aux Camélias*. © Hidemi Seto

Message à Aurélie

ブリジット・ルフェーヴル

パリ・オペラ座バレエ　元芸術監督

1992年よりパリ・オペラ座の副総裁、1995年から2014年までオペラ座バレエの芸術監督を務め、バレエ団のレパートリーを拡充し、ダンサーを導いた。1998年、『ドン・キホーテ』を踊ったデュポンをエトワールに任命した。

　1998年12月31日の『ドン・キホーテ』で、私は彼女をエトワールに任命しました。バレエ団の芸術監督に就任する以前、私は文化省のダンス監督官として異なる組織の流れにいましたが、そのなかでオーレリを頻繁に間近で見つめ、彼女のキャリアの進展を追うことができました。一瞬で、彼女の厳密さと美貌に私は衝撃を受けたのです。

　私は規則に従って、当時オペラ座総裁だったユーグ・ガルに、オーレリのエトワール任命を提言しました。私にとって、それは明白であり確実なことでした。明白だったこと、それは驚異的なテクニック、そしてつねにこれ以上なく正確で完璧な彼女のたたずまいでした。それから少し後のことですが、オーレリが5回転か6回転のピルエットをした『チャイコフスキー・パ・ド・ドゥ』のことを覚えています。会場全体から感嘆の叫びが巻き起こり、それは舞台袖でも同様でした。というのも、彼女のように優れた人が舞台に上がるときには、舞台袖にも大勢が集まり、食い入るように見つめているのです。

　エトワールは、それぞれ異なるものを与えてくれます。エトワールのキャリアの果てまでオーレリに伴うという幸運に、私は浴しました。私たちは一緒にアデュー公演のために『マノン』を選び、映画館での生中継も2人で計画しました。年月を重ねるごとに、彼女は生まれながらの輝きを用いるのに甘んじず、新作創作のためにオペラ座にやって来た非常に多様な振付家たちの世界に打ち込みました。アデュー公演の晩、オーレリは、ピナ・バウシュ、ジョン・ノイマイヤー、勅使

オーレリのアデュー公演後に行われたレセプションにて
Aurélie Dupont and Brigitte Lefèvre at a reception of Aurélie's "Adieux" performance. © Hidemi Seto

　川原といった、彼女を進歩させたすべての振付家の名を挙げました。オーレリ・デュポンという生来はかなり控えめな性質のアーティストを驚嘆させ得たもののすべてを、彼女は自分のもっとも深い部分で捉え、自らの脆さと強さを完全に調和させたのです。膝の負傷のために経験した辛い時期を、オーレリと私は一緒に乗り越え、それによって私たちの距離はいっそう近くなりました。それから、マニュエル・ルグリがいました。オペラ座を去る瞬間まで、彼は彼女に伴ったのです。

　それまで以上にひとりで自分に責任を持ち得るようになって、オーレリはまた次の段階に進みました。たとえばオーレリが非常に独特な要素を持ち込んだ勅使川原との仕事の進め方のように、彼女は私を驚かせることをけっしてやめませんでした。オーレリが今後メートル・ド・バレエに就任するのはとても良いことですが、彼女は役のコーチとしてさらに素晴らしいと思いますし、とくにこれからも踊り続けてくれるのを願っています。若く、しかも自らの芸術の高みにあるという、ダンサーの特別な成熟期にいるのですから。

Interviewer : Gérard Mannoni　訳：岡見さえ

Message à Aurélie

$\mathcal{A}$mandine $\mathcal{A}$lbisson

アマンディーヌ・アルビッソン

© Shinshokan

パリ・オペラ座バレエ　エトワール

マルセイユ生まれ。パリ・オペラ座バレエ学校で学び、2006年、パリ・オペラ座バレエに入団した。デュポンがいち早くその才能を見出し、自らも指導に当たってきた。2014年、『オネーギン』のタチヤーナを踊ってエトワールに任命された。

　オーレリはとても寛大で、シンプルで、率直な人です。彼女は私にとても目をかけてくれ、しょっちゅう一緒に練習をし、昇進試験や役の準備も助けてもらいました。身体面でも精神面でもあらゆる領域で、オーレリは本当にたくさんのことを教えてくれました。彼女との練習はとても実り多いもので、なかでも、非常に権威のある、そしてかなり複雑なこのパリ・オペラ座というバレエ団が、どうやって機能しているかを私に理解させてくれたのです。ここでキャリアを築いていくには規則を知っているだけでは不十分で、そこに存在する罠や、キャリアを構成する複数の要素を取り仕切る術を知らなくてはならないのですが、この分野でのオーレリの助けは、私にとって何よりも重要でした。

　私がマルセイユでダンスを始めたとき、すぐにオーレリは私のお手本になりました。バレエ学校で、それからバレエ団で彼女とひんぱんに接し、最初は知り合いになれたことにとても感動していましたが、すぐに彼女は私の信頼する人となりました。とても美しい人だと思っていましたが、同時にとても知的な人であることを知りました。彼女と自分を似せようとしたり、コピーしようと試みたりはしなかったけれども、オーレリの質の高いダンス、キャリア管理の方法は、私の模範となったのです。技術は完璧で、もっとも古典的な作品からもっとも現代的な作品まで、彼女は何でも踊れました。私も彼女のように、ヴァラエティに富んだレパートリーを踊れるようになりたい。コーチ

オーレリのアデュー公演カーテンコールにて。オーレリの左がアルビッソン。ルテステュ、エケ、ジルベールらとともに　右:「オネーギン」を踊り、エトワールに任命されたアルビッソン
Aurélie Dupont and Amandine Albisson at a curtain call of Aurélie's "Adieux" performance. © Hidemi Seto　Right : Amandine Albisson in *Onegin*. © Julien Benhamou/Opéra national de Paris

　としてのオーレリは、自分がしていたことをコピーさせたりはしません。対話を通して、その人の外見、技術、個性にもっとも適したものを一緒に見つけるために複数の提案をしてくれます。人に合わせてくれると同時に、とても厳しくもありえる。私にもそうでした。それはきっとそうする価値が私にあったからなのでしょう。
　オーレリのアデュー公演は、素晴らしいものでした。舞台裏から、私は彼女を見つめていました。賞賛と感動が入り混じった気持ちで、この華麗なスペクタクルを経験したのです。マノンの素晴らしい演技への賞賛と、私が彼女を舞台の上で見るのはこれが最後なのだという心の痛みと。ここ数年で他にもアニエス・ルテステュ、ニコラ・ル・リッシュといった大スターが引退した後、オーレリも去って行くのを見るのは、つらかった。入団したときから、それがルールなのだとわかってはいても……。これからは同じようにスターを作り出すこと、せめてそれを試みることが、私たちの世代にかかっているのです！

Interviewer : Gérard Mannoni　　訳:岡見さえ

「マノン」ジェレミー・ベランガールと *Manon* with Jérémie Bélingard. © Francette Levieux

オーレリ・デュポン物語
L'Histoire d'Aurélie Dupont

ジェラール・マノニ
Gérard Mannoni

少女のころ。恩師リアンヌ・ダイデのバレエ教室にて　Photo by courtesy of Aurélie Dupont

ピアノに恋し、ダンスを発見する

　メリーランド州のベセズダは、複数の医療研究センターが集まり、ケネディ大統領の検死を行ったことでその名を知られることとなった町である。この瀟洒なワシントン郊外の町で、オーレリ・デュポンは幼少期の2年間を過ごした。著名な医師であり研究者である父親が、仕事のために妻と長女のマリー＝シャルロット、オーレリ、末娘のバンジャミーヌの3人の娘を連れてこの町にやって来たとき、オーレリは7歳だった。彼女はこの地でダンス・クラシックそのものを発見することはなかったが、音楽、なかでもミュージカル音楽を見出し、ピアノへの情熱を抱くこととなった。ダラスに住む一家の友人が暮らす巨大な家には6台のピアノがあり、それに魅了されたオーレリは、レッスンを望んだ。このときすでに意志的だった彼女は、芸術家の適性を初めて表明したのである。しかしデュポン家はフランスに戻り、もはやアメリカ時代のように広々とした住まいではなかった。アパルトマンにコンサート・ピアノを収めることは困難であり、家族で他に音楽をたしなむ者は誰もいなかった。

　しかし複数の教師の炯眼のおかげで、オーレリの人生は決定的な転換を遂げる。かなりか弱く、どちらかと言えば内気なこの少女に潜む驚くべき身体能力に、ジャン・ドゥ・ラフォンテーヌ高校付属の音楽・ダンス特別クラスの体育教師が注目し、彼女にダンスをさせるよう両親に助言した。オーレリは、すでに姉と妹が学んでいた学校に入り、そこでレッスンの伴奏をするグランド・ピアノを発見する。ピアノと一緒だったら、ダンスもいいかしら？　そしてこの学校の教師もすぐにこの生徒の例外的な資質を見抜き、オーレリを偉大なバレリーナであるリアンヌ・ダイデに紹介した。19歳でエトワールとなったダイデは、当時サル・プレイエルで教えていたが、オーレリを引き受けることを

決め、クロード・ベッシーが校長を務めていたパリ・オペラ座バレエ学校に推薦した。時は1983年、オーレリは10歳だった。彼女は入学を許可され、バレエ学校の生徒となる。そしてパリ・オペラ座というこの歴史的組織のただなかで32年間を過ごした後、2015年5月、オーレリはエトワール・ダンサーとして別れ（アデュー）を告げた。この場所で、これから彼女はメートル・ド・バレエとして働き続けることになる。そしてリアンヌ・ダイデは助言を与えることで、オーレリのキャリアに相伴うだろう。

オペラ座バレエ学校での日々

　当時、パリ・オペラ座バレエ学校は、まだガルニエ宮のなかにあった。1972年から校長の職にあったクロード・ベッシーは、広々とした20世紀建築に必要な活動をすべて収容する、近代的かつ合理的な新施設の建設の許可を勝ち得て、新校舎は1987年にオープンする。
　1989年にバレエ団への入団を許されるオーレリは、そこで生徒として最後の2年間を暮らす。全員が16歳までダンスと一般教育を学ぶこの学校時代について、オーレリは良い思い出だけを抱いているわけではない。学校はナンテールにあり、RER（首都圏高速鉄道網）の駅の間近とアクセスが良いが、寄宿制であり、家族との暮らしと非常に異なる共同生活の厳しい規則、家族の愛情の不在、幾人かの教師の乱暴な叱責に、思春期の少女は辛い日々を過ごす。だが学業は順調に進む。オーレリはバレエ団の入団試験に至る段階を軽々と上っていったが、妹が放校されたショックが彼女の心から消えることはない。彼女はそれを、乱暴で、不公平で、トラウマを残すことだと断じている。
　マイセン陶器さながらに、夢のように美しくデリケートな容姿を持つオーレリは、秘めた繊細さと性格の非常な強さとを、いかなるときも兼ね備えることになる。彼女は学校時代からつねにこの葛藤を経験するが、バレエという芸術の修得が課す日々の挑戦を自覚し、この挑戦の遊戯的性格と、成功を得んとする強靱な意志に突き動かされていく。だが、数名の教師の攻撃的な言葉遣いには苦しみ、それを無駄に横柄で無礼だと考える。6年間の最低修学年限を過ごした後、オーレ

リはナンテールの光あふれる美しい施設を未練なく去り、荘厳で神秘的なガルニエ宮に通うことになるのである。

パリ・オペラ座バレエに入団

　バレエ団への入団、それは再び生活を一転させることだ。16歳のオーレリは、すべてが計画され、自由も主導権もほぼ皆無の世界から、自由で、あらゆる種類の誘惑へいざなう十分な給与に恵まれた生活へと移行する。知的な彼女は、そこにあるリスクをすぐに警戒する。もちろん同年代の若者のような生活を望むけれども、それも仕事と、この道に進んだ当初から思い描く頂点へと向かう歩みを妨げないという条件の限りにおいて。「出歩くのは良いけれど、どんなことがあっても、私は毎日10時にレッスンにいるでしょう！」。オーレリは、コール・ド・バレエでの仕事を活用し、なかでも可能な限り先輩たちから学ぶことを決意する。ときには彼女よりも10歳年長である先輩たちは、それ以来彼女の仲間となり、日常的に接するようになる。オーレリは、この経験から恩恵を受けることを望む。

　オーレリの吸収力はめざましく、迅速に昇進を果たす。バレエ団入団から２年後の1991年にはコリフェに、その翌年の1992年にはスジェに昇進した。スジェになること、それはしばしばソリストの責任を担うことだ。パリ・オペラ座バレエの例外的なレベルに鑑みると、"スジェ"のほとんどは他の多くの大バレエ団のエトワールに相当すると言うことの誘惑にすら駆られる。堅固で、見かけは易々と遊びのごとく行われるオーレリのテクニックの確かさに、すでに皆が気づいていた。そのいっぽうで、オーレリは、ヴァルナ国際バレエコンクールのジュニア部門での金賞、AROP賞という複数の栄誉をコレクションする。『ジゼル』でペザント・パ・ド・ドゥを踊り、バランシンの『フォー・テンペラメンツ』で「快活」を踊る。そして「若いダンサーの夕べ」では、バランシンの『チャイコフスキー・パ・ド・ドゥ』に突如として６回転ピルエットを入れ、会場、そして数多くの人が夢中で彼女を見つめる舞台袖から、驚嘆の叫びを引き起こした。

　1994年にカルポー賞を受賞すると、前面に出る役が増えていく。ブ

「青列車」(ニジンスカ振付／1993年)　中央の担がれているのがオーレリ
Le Train Bleu. © Arnold Gröschel

「エチュード」(1994年)
Etudes. © Arnold Gröschel

「くるみ割り人形」(1996年)
The Nutcracker. © Jacques Moatti

「ワルツのリズム」(プティ振付／1994年)
Rythme de Valse. © Arnold Gröschel

ルノンヴィルの『ナポリ』のパ・ド・シス、そして時代を軽々と超えて非常にフィジカルなフォーサイスの『イン・ザ・ミドル・サムホワット・エレヴェイテッド』、きわめて古典的なランダーの『エチュード』、プティパの『パキータ』のパ・ド・トロワ。しかしながら、昇進試験での輝かしい成績にも関わらず、プルミエール・ダンスーズへの昇進は依然として果たされない。他の多くの者と同様に彼女もまた、審査員団のジャッジをごく頻繁に歪めてしまう、さもしい策謀の犠牲者であった。この審査員団は、バレエ団の仲間同士で選ばれたダンサーらが牛耳り、彼らを選んだダンサーを優遇する傾向を持っている。ローラン・イレールもマニュエル・ルグリも、けっしてプルミエール・ダンスールに昇進することがなかったことを思い出そう。ヌレエフが、ずっとスジェに留まっていた彼らを、エトワールに任命したのである。

エトワールへ

　1996年、12月の昇進試験でようやくオーレリはプルミエール・ダンスーズに"昇進"するが、同じ年にはヌレエフ版『くるみ割り人形』のクララ役で初めてのエトワール役を踊り、さらにローラン・プティの『狼』の若い娘、プレルジョカージュの『受胎告知』のマリア、ロビンズの『四季』の春といった主役を踊っていた。キャリアのこの段階ですでに、クラシック、ネオクラシック、コンテンポラリーのいずれをとっても彼女に異質なスタイルはひとつもなく、すべてを踊っている。
　ついにプルミエール・ダンスーズとなったオーレリは、偉大なレパートリーにいよいよ完全に関わり合うことになる。オーレリは、フォーキンの『レ・シルフィード』のごとき純粋なロマンティスムの詩的で非物質的なヒロインも、驚くべきダブルやトリプルのフェッテと真の女優の才能で魅惑したキトリ役の『ドン・キホーテ』、『ライモンダ』、ガムザッティ役の『ラ・バヤデール』といったヌレエフが再構成したアカデミックな大作バレエも、同じ巧みさで踊る。同様に、後にアデュー公演に選択することとなるマクミランの『マノン』や、英国のもっとも純粋なネオクラシック作品であるアントニー・チューダーの『ダーク・エレジー』など、初めての作品も踊っている。

オーレリは、ロマンティックであると同時にコンテンポラリーな美貌に、さまざまな役を踊るごとにいっそう堅固に精巧になるテクニックを付け加えていく。もはや、ダンサーにとってのオリンポス山へ至るのに超えるべき段階はただひとつ残るのみ。それは舞踊部門の芸術監督ブリジット・ルフェーヴルと総裁ユーグ・ガルの決定にかかっていたが、もっとも後者はオーレリへの賞賛を隠さなかった。北京でのツアー中、オーレリはグゾフスキーの『グラン・パ・クラシック』で熱烈な喝采を浴びるが、そのなかで、かの名高いア・ラ・スゴンドのデヴェロッペを伴うポワントでの斜め移動をこともなげに行って見せている。「彼女の任命をぐずぐずしてはならない！」とガルは宣言する。

　かくして1998年12月31日、キトリを踊って新たな大成功を得たヌレエフ版『ドン・キホーテ』の終演後、オーレリはパリ・オペラ座バレエでもっとも栄光に満ち、ダンス界の羨望の的のタイトル、エトワールに任命される。弱冠、25歳のことである。

ピナ・バウシュとの出会い

　しかしながら、オーレリは真のキャリアの転機を、その前年に迎えていた。それは『春の祭典』をパリ・オペラ座バレエで上演するために招聘されたピナ・バウシュが、彼女を「生贄」に選んだときのことである。プルミエール・ダンスーズとして、オーレリは最先端のコンテンポラリーも含むあらゆるスタイルの経験を積んでいた。しかしピナ・バウシュを踊ること、それはまた別のことだ。

　『春の祭典』は土の地面で踊られ、生贄の乙女は最後には両胸を露わにし、いかなるためらいも許されぬ官能的なエネルギーを放つ。ピナ・バウシュは魔術師が持つ洞察力で、この完璧なテクニックを備えた若いバレリーナから、普段の彼女が踊る偉大な流派のダンスを超えた何かを獲得し得ることを理解した。かくして天才振付家は彼女にこう宣言する。「あなたはとても強い女性で、とても強いダンサーだけれど、同時にとても傷つきやすいことを私は確信しています。だからあなたを選びました。私はあなたにそれを見せてほしい。あなたの強さには興味がありません。私はあなたの心が見たいのです」。そしてオー

レリは認める。「私はピナが正しいことを、そして彼女が正しいとき、つまり私が変わらなければならなかったそのときにやって来たことを理解しました。そして私は変わりました。ピナのおかげで、彼女の『春の祭典』によって。生活とキャリアのすべてを変えました。すべてを。そして私はエトワールになったのです」。

　だが、彼女が理想の身体、神々しい脚、何回転も続くピルエットだけに留まらず、女優であり、完全な芸術家であること、そして真実のドラマや真実の愛の物語で血の通った人間を体現できる役柄を心から望んでいることを認めさせるのは、彼女にとって容易ではなかった。「私は舞台の上で、笑ったり泣いたりしたかった。ダンスは、他のダンサーより上手く跳んだり、多くピルエットを回ったりすることに還元されません。そうした領域では、人はつねに自分よりも優れた人を見つけるでしょう」。しかしオーレリはすでに、マクミランの『マノン』において、美しく舞うことに留まらず、移り気で、とくに最終幕のあれほどまでに心揺さぶるパ・ド・ドゥで強烈な感情の負荷を一身に引き受けるヒロインを見事に造形する能力を示していた。

華麗なるキャリア、そしてパートナーたち

　階級の頂点に登りつめ、控えめさから解き放たれ、自らの義務と可能性を選別する並み外れた明晰さに恵まれたオーレリ・デュポンは、いまや、途方もなく豊かなパリ・オペラ座のレパートリーに心血を注ぐことが可能となった。ロシアの伝統的レパートリーのもっとも偉大な作品群と、多数のアングロサクソンのネオクラシック作品を彼女に与えたヌレエフ時代の後、ルフェーヴル時代は、これ以上ないほど多様化したコンテンポラリーのクリエーションに絶えず彼女を開かせる。オーレリはほぼすべての創作、ローラン・プティやモーリス・ベジャール、バランシンやロビンズ、プレルジョカージュ、トリシャ・ブラウン、ウェイン・マグレガーや勅使川原三郎、ベルリオーズの音楽に基づき忘れがたいジュリエットを体現したサシャ・ヴァルツ、シディ・ラルビ・シェルカウイ、バンジャマン・ミルピエのレパートリー入りに参加し、振付家たちと堅い絆を結ぶことになる。だが彼女は同時にロマン

ティックなダンサーとして、マッツ・エックの革命的ロマンティック・バレエのヒロインを、その芸術の絶頂にあったニコラ・ル・リッシュの傍らで真の映画的アイコンとしてビルギット・クルベリの『令嬢ジュリー』を、ジョン・ノイマイヤーの『椿姫』『シルヴィア』を、絶対的な繊細さとオリジナリティをもって造形した。イリ・キリアン偏愛のダンサーでもあり、キリアンはオーレリと彼女の人生にきわめて重要な影響を与えたパートナーのマニュエル・ルグリのために『扉は必ず…』を振付けた。オーレリは、キリアンの『ベラ・フィギュラ』『ステッピング・ストーンズ』も踊っている。

　このもっとも多彩で、しばしばもっともスリリングなコンテンポラリーの新作のキャリアに、これと劣らず魅惑的な純粋なクラシックの世界での進化が伴う。オーレリは、伝説的なバランスのローズ・アダジオと完璧に古典的な婚礼のパ・ド・ドゥを見せるオーロラ姫であり、『ラ・バヤデール』では誰よりも感動的なニキヤであり、マニュエル・ルグリの傍らですべての人が夢想するジュリエットであり、ヌレエフのハリウッド的『シンデレラ』である。しかし彼女が、そのエレガンスと音楽性のゆえに格別な愛を打ち明けるのは、バランシンとロビンズのバレエだ。ピアノへの愛からダンスへやって来た彼女にとって、ショパンの譜面で『イン・ザ・ナイト』や『ダンセズ・アット・ア・ギャザリング』を踊り、ストラヴィンスキー、ビゼー、チャイコフスキーの音楽でバランシンを踊ることは、どれほどのご褒美であることだろう。

　パートナーたちもまた、この華麗なキャリアの進展において重要な役を果たした。人生の一時期をともにしたマニュエル・ルグリは思慮深い助言者であり、並外れたテクニシャンであり、ヌレエフの古典でも、キリアンやノイマイヤーの新作の創作でも、2人で忘れがたいカルメンとドン・ホセを踊ったローラン・プティのバレエでも、彼女の旅路の道連れであった。もちろんニコラ・ル・リッシュや、『マノン』『椿姫』などであれほどまでにゴージャスな相手役を務めたエルヴェ・モローもいた。強烈な個性を持った彼らとはつねに変わらぬ建設的なやり取りが行われ、絶えず豊かな進歩があった。オーレリはアデュー公演の『マノン』のパートナーにモローを望んだが、この偉大なダンサーは怪我を負い、終演後に最高に豪華な薔薇の花束を贈るために舞台に上が

ることしかできなかった。この公演では、ミラノ・スカラ座バレエのスター、華々しいロベルト・ボッレと踊ることをオーレリは選んだ。また、オーレリは自らが先輩たちのアドバイスから恩恵を得たのと同様に、持てる技術と知識のすべてで新世代を支える術を知っていた。たとえば『ドン・キホーテ』で彼女のバジルとなった、輝かしいマチアス・エイマンのように。

輝きに満ちた女性として

　だがオーレリ・デュポンの物語は、役名リストに還元されはしない。この輝きに満ちた女性は、誘惑者を演じることなく、感受性と真心とによって自らの感情生活を統制することに成功していた。メディアや「ピープル」誌を大喜びさせたガッド・エルマレとの関係ののち、彼女はエトワールのジェレミー・ベランガールと結婚し、2人の素晴らしい息子、ジャックとジョルジュを出産した。2015年5月18日の歴史的な晩に、この2人の息子たちはガルニエ宮の舞台の上で飛び跳ねながら、自らの意志でオーレリをエスコートした。

　オーレリは宝飾店ショーメのミューズでもあり、アクセサリーが大好きなことを自覚して自らデザインに手を染めることも考えている。だがもちろん彼女が向かうのは、彼女が有する知識の伝達の方角である。可能な限り、踊ることを続けながら。「55歳までしがみつくつもりはないけれど、まだ何年か踊れると期待している、身体を酷使しすぎないコンテンポラリーのレパートリーがあります。ともかく、バンジャマン・ミルピエが提案してくれたオペラ座バレエのメートル・ド・バレエのポストを確実に務めることから始めます。そして、もっと先には、夫と一緒にフランス以外の場所に行って、また別の冒険を生きることを考えるのもよいかもしれません」。

　幼少期の思い出があるとはいえ、いずれの専門分野であってもアメリカのマーケットに根を下ろすことの難しさを彼女は理解している。近頃、リンカーン・センター・フェスティバルの招待に応じてデヴィッド・H・コック・シアターで『ジゼル』とベジャールの『ボレロ』を踊ったとはいえ、アメリカン・バレエ・シアターから招待されることがなかっ

たこと、自身での出演のオファーすら断られたことを、オーレリは忘れていないのだ。42歳での定年は、確かにとても若いが、長期にわたる未来を築き得るという利点もある。

　オーレリ・デュポンは創意に富み、レパートリー、パートナー、友人、気晴らしの選択においても、そうあり続けていた。彼女は華々しい芸術のキャリアを築き上げたが、女性としての人生も、母親としての人生もやり損なうことはなかった。彼女は手本となって、パリ・オペラ座のエトワールたちの産休ラッシュを導いた。だから、これからの年月を最良の方法で組織していくためのアイディアがオーレリに不足しているなどというのは論外だ。膝の重い怪我を経て技術の回復に取り組んだ際に示したように、オーレリは勇気を失うことも、他のダンサーと同様に彼女を襲った職場の悪意や策謀に打ち負かされてその犠牲となることも、さまざまな知的な方法で自らに英気を取り戻すための想像力を欠くことも、けっしてなかったのだ。

天からの贈り物を受け取ったバレリーナ

　しばらくの間はダンサー、メートル・ド・バレエ、おそらく特別な役のコーチとしてダンス界で活動を続けるとはいえ、バレリーナとしての主要なキャリアは、いまは彼女の背後にある。パリ・オペラ座バレエのエトワールの世代交代のスピードは、結局のところ、速い。あれほど華々しい「ヌレエフ世代」の存在が薄らいできたかと思えば、それとは異なり、多様で、おそらくより尊大ではない「ルフェーヴル世代」が根を下ろし、すでにこの世代を、若いダンサーを求め伝統的な階級への関心がさらに希薄な「ミルピエ世代」が引き継ぎ始めている。けれども、連綿と連なるこの素晴らしきダンサーたちから、オーレリ・デュポンを別個に取り出すものは何だろうか？　パリ、ガルニエ宮での最後の『マノン』に敬意を表して25分間続いた熱狂的なスタンディング・オヴェーションに、複数の映画館でのこの記念すべきソワレの生中継に、偉大な映画監督セドリック・クラピッシュが撮影を望んだ映画に、正統な理由を与えるものは何だろうか？

　第一にそれは、『白鳥の湖』のオデット／オディールも、熱い血の

通った『オネーギン』のタチヤーナも、コラーリとペローの純粋なジゼルもマッツ・エックの人間性が引き裂かれたジゼルも、プレルジョカージュの『ル・パルク』の恋愛地図の抽象的なヒロインも、『ドン・キホーテ』のおてんばなヒロインも、ビルギット・クルベリの背徳的な令嬢ジュリーも、マグレガーあるいは勅使川原三郎の予測不能な振付の構造も等しく理想的に表現する、時間を超越した繊細で整った容姿である。これらの役のすべてにおいて等しく美しくありつづけるのは、容易なことではない。

　第二には、希少な宝石のように彫琢され、強力であると同時に洗練され、一見無造作に行われ、そして演劇的センスを示し、"演じる喜び"を伝える、テクニックである。彼女がドラマにおいて過剰だったことは１度もなく、喜劇においては卑俗に落ちず茶目っ気があり、身体の言語と顔の表情だけで、すべてを完全に表現し得た。つまり、オーレリは受け取っていたのだ。この定義不可能なオーラを。太古の夜に人間が神と接触するために創造したこの芸術の、真正な起源へと私たちを導いてくれる偉大なエトワールたちを生んだ、この天からの贈り物を。

（訳・岡見さえ）

Message à Aurélie

オニール八菜 パリ・オペラ座バレエ スジェ

© Hidemi Seto

東京出身。2011年、パリ・オペラ座バレエのシーズン契約ダンサーとなり、2013年より正団員。2015年よりスジェ。2014年、デュポンの指導を受けて出場したヴァルナ国際バレエコンクールで、シニア部門銀賞を受賞した。

　オーレリ・デュポンさんは、やはりオーラの強さがすごい。何を踊っても素敵です。『椿姫』や『マノン』のような作品も、『ドン・キホーテ』や『眠れる森の美女』のような作品もどれも素晴らしい。真のアーティスト、真のエトワールだと思います。小さなニュアンスなど他の人には考えつかないようなところまで大事にしていて、やはりクオリティが違うのです。

　私はヴァルナ国際バレエコンクールに出場するとき、オーレリさんに『ドン・キホーテ』、『ジゼル』、『グラン・パ・クラシック』をコーチしていただきました。彼女は美しく、何をやってもオーラが広がって、キラキラ輝くので思わず見とれてしまう。とても優しく、クリアに教えてくださるので、「バレエって、これだけ楽しく、これだけ綺麗にできるんだ」ということが伝わってきます。

　同じカンパニーにいて、毎日一緒に彼女の後ろでバーレッスンをしていても、私にとっては大スターで憧れの存在。気軽にはおしゃべりできないですし、彼女自身もとても物静かなタイプです。それでもクラスで質問があったり困ったことがあったりすると、優しくアドバイスしてくださいます。

　これからは彼女がバレエ・ミストレスになるので、もっと一緒にお仕事ができたらうれしい。オーレリさんはあらゆる役を踊ってきた方です。その役を踊ったからこそわかることがたくさんある。そうしたダンサーとしての秘密を彼女から教わることを楽しみにしています。

「パキータ」(2015年5月　パリ・オペラ座バレエ) オニール八菜　同年3月の「白鳥の湖」主演に続く全幕主演
Hannah O'Neill in *Paquita*. © Laurent Phillipe / Opéra national de Paris

Message à Aurélie

Germain Louvet
ジェルマン・ルヴェ <small>パリ・オペラ座バレエ スジェ</small>

© Aurélie Dupont

シャロン＝シュル＝ソーヌ出身。パリ・オペラ座バレエ学校で学び、2011年、パリ・オペラ座バレエに入団。2015年よりスジェ。2014年12月、デュポンの指導を受けてヌレエフ版『くるみ割り人形』で初主演を務めた。

　幼い頃のぼくにとって、オーレリはダンス界の象徴的存在であり、自分とはかけ離れたスターでした。それがぼくがバレエ学校に入ったときから、すべてが変化した。彼女の練習や舞台を見て、時々は言葉を交わすこともできるようになったのです。ぼくの目に映る彼女は、学校で教わるようなフランス流のスタイルを完璧に体現し、あらゆるスタイルに溶け込み、世界のどんなバレエ団とも踊ることを可能とする、素晴らしいプロフェッショナルとなりました。

　ぼくがバレエ団に入ったとき、また新たな段階が訪れました。同僚として彼女と交流することができるようになったのです。昨年12月、ぼくが『くるみ割り人形』に主演する際、オーレリはぼくたちのリハーサルを指導してくれました。そのとき、ぼくは本当の意味で彼女を発見した。2ヵ月の間、ぼくたちは毎日練習し、話し合ったのです。ソリストの仕事の何たるかを学びつつ、ひとつのバレエを作り上げていく方法を彼女は教えてくれました。

　当時コリフェでありながらエトワール役に配されたぼくの身に生じたあらゆる問題に対応することを、オーレリから教わりました。彼女自身が同じ問題を経験していたので、とてもオープンに彼女の身に起きたことを教えてくれ、彼女が自身の経験によって得た誤りを避ける方法を説明してくれたのです。彼女は強靭な性格と鋼の精神を持っています。外部からのあらゆる攻撃に耐えるための堅固な精神を持つことを、ぼくに教えてくれたのです。

Interviewer : Gérard Mannoni　訳：岡見さえ

「くるみ割り人形」（2014年12月　パリ・オペラ座バレエ）
ジェルマン・ルヴェ
Germain Louvet in *The Nutcracker*. © Sébastien Mathé / Opéra national de Paris

オーレリ・デュポン 年譜
＊太字は日本での舞台

1973	1月15日　パリに生まれる。
1980	医師である父の仕事のため、アメリカ・メリーランド州ベセズダで2年間を過ごす。
1983	リアンヌ・ダイデのもとでバレエを始める。パリ・オペラ座バレエ学校に入学。
1985	**6〜7月　パリ・オペラ座バレエ学校日本公演**（「ダンス組曲」「ゆかいな動物たち」）
1989	**5月　パリ・オペラ座バレエ学校日本公演**　（「ラ・シルフィード」）
	9月　パリ・オペラ座バレエに入団
1990	カドリーユに昇進
1991	コリフェに昇進
1992	スジェに昇進
	1〜2月　パリ・オペラ座バレエ日本公演（「ペトルーシュカ」「春の祭典」「水晶宮」「プッシュ・カムズ・トゥ・ショヴ」）
	7月　ヴァルナ国際バレエコンクール　ジュニア部門金賞
1995	**3〜4月　パリ・オペラ座バレエ日本公演**（「ドン・キホーテ」「パキータ」ほか）
	4月　パリ・オペラ座バレエ&バレエ学校合同ガラ公演（「グラン・デフィレ」「ナポリ」パ・ド・シス）
	8月　ピエトラガラとパリのソリストたち（「グラン・パ・クラシック」「ジュー・ド・セデュクシオン」「トリオのためのパーカッション」ほか）
1996	8月　ルグリと輝ける仲間たち（「スターズ・アンド・ストライプス」「ダフニスとクロエ」ほか）
1997	プルミエール・ダンスーズに昇進
	1月　レニングラード国立バレエ日本公演（「眠れる森の美女」／ニコラ・ル・リッシュ）
1998	7〜8月　ルグリ、ルディエールと輝ける仲間たち（「グラン・パ・クラシック」「マノン」「回帰」ほか）
	12月31日　「ドン・キホーテ」終演後、エトワールに任命
1999	8月　フランス・バレエのエトワールたち（「フォーリング・ピクチャーズ」「ダフニスとクロエ」ほか）
2000	7月　第9回世界バレエフェスティバル全幕特別プロ「眠れる森の美女」（マニュエル・ルグリ、東京バレエ団）
	8月　第9回世界バレエフェスティバル（「カルメン」「チャイコフスキー・パ・ド・ドゥ」「小さな死」「グラン・パ・クラシック」）
	9月　ミラノ・スカラ座バレエ日本公演（「ジゼル」／マキシミリアーノ・グエラ）
2003	7〜8月　第10回世界バレエフェスティバル（「シルヴィア」「小さな死」「マノン」より沼地のパ・ド・ドゥ）
2004	7月　ルグリと輝ける仲間たち（「幻想・『白鳥の湖』のように」「パキータ」「エスメラルダ」「ル・バルク」）
2006	**4月　パリ・オペラ座バレエ日本公演**（「パキータ」／マニュエル・ルグリ、ジェレミー・ベランガール）
	7〜8月　第11回世界バレエフェスティバル（「扉は必ず…」「椿姫」）
2008	5月16日　長男ジャック誕生
2009	8月　第12回世界バレエフェスティバル（「椿姫」「ベラ・フィギュラ」「ロミオとジュリエット」「ソナチネ」）
2010	2月　マニュエル・ルグリの新しき世界（「クリアチュア」「アザーダンス」）
	3月　パリ・オペラ座バレエ日本公演（「ジゼル」／ニコラ・ル・リッシュ）
2011	1月13日　次男ジョルジュ誕生
2012	8月　第13回世界バレエフェスティバル（「扉は必ず…」「アザーダンス」「感覚の解剖学」）
2013	4月　マニュエル・ルグリの新しき世界Ⅲ（「シルヴィア」「ル・バルク」）
2014	**3月　パリ・オペラ座バレエ日本公演**（「椿姫」／エルヴェ・モロー）
	8月　勅使川原三郎「睡眠―Sleep―」
2015	5月18日　「マノン」を踊ってエトワールを引退
	8月　第14回世界バレエフェスティバル（「トゥギャザー・アローン」「マノン」「椿姫」）＊予定

オーレリ・デュポン フィルモグラフィー

パリ・オペラ座バレエ「眠れる森の美女」全幕
豪華絢爛なヌレエフ版の舞台で、若き日のデュポンが光り輝くオーロラ姫をあでやかに舞う。ルグリとの息の合ったパートナーシップも必見。
●149分●1999年●2,057円（税込）●ワーナーミュージック・ジャパン

パリ・オペラ座バレエ「ドン・キホーテ」全幕
デュポン＆ルグリの黄金ペアが華麗なテクニックの応酬で火花を散らすヌレエフ版。ジロ、パールら脇を固めるダンサーたちも豪華。
●122分●2002年●鑑賞ナビ付●日本語字幕●5,184円（税込）●日本コロムビア

パリ・オペラ座バレエ「ラ・シルフィード」全幕
デュポンがエレガントに風の精を演じるラコット版『ラ・シルフィード』。相手役は映像収録直前にエトワールに昇進したガニオ。
●107分●2004年●鑑賞ナビ付●日本語字幕●5,184円（税込）●日本コロムビア

パリ・オペラ座バレエ「シルヴィア」全幕
ギリシャ神話をモチーフに、ノイマイヤーがオペラ座のために振付けた傑作。出演はデュポン、ルグリ、ル・リッシュ、ジロ、マルティネズほか。
●110分＋特典19分●2005年●3,456円（税込）●日本コロムビア

ヌレエフ＆フレンズ　ルドルフ・ヌレエフ生誕75周年記念ガラ公演
ヌレエフの生誕75周年を祝したガラにオペラ座、ロイヤル、ボリショイなど、世界屈指のスターダンサーが集結。デュポンはエイマンと『ライモンダ』第3幕を披露。
●103分●2013年●日本語字幕●5,184円（税込）●日本コロムビア

オーレリ・デュポン　輝ける一瞬に
華麗なステージ、ひとりの女性としての飾らない素顔……麗しきエトワール、デュポンの3年間を追ったドキュメンタリー。『ル・パルク』『椿姫』など舞台映像も充実。
●58分＋特典20分●2009年●日本語字幕●4,860円（税込）●日本コロムビア

エトワール
パリ・オペラ座バレエの舞台裏を収めた初のドキュメンタリー。美しくも過酷な世界に生きるダンサーの姿を捉える。デュポン、ルグリ、ル・リッシュほかが出演。
●97分＋特典7分●2000年●4,104円（税込）●ジェネオン・ユニバーサル

パリ・オペラ座のすべて
パリ・オペラ座の真の姿を明かすため、ドキュメンタリー映画の巨匠ワイズマンが84日間に及ぶ密着取材を敢行。デュポンはじめ、エトワールが総出演。
●160分●2009年●日本語字幕●5,184円（税込）●紀伊國屋書店

アデュー公演カーテンコールにて。2人の息子たちと
Aurélie Dupont and her sons at a curtain call of her "Adeiux" performance.
© Hidemi Seto

Ma vie de danseuse Etoile à l'Opéra de Paris

Aurélie Dupont

Octobre

Chers lecteurs, je suis très heureuse de vivre avec vous une nouvelle expérience. Celle de vous faire vivre à travers mon regard ce que je vis au quotidien au sein de l'Opéra. Ce que l'on cache au public, la préparation des répétitions, des essayages de costumes, des répétitions en scène... le travail journalier du danseur à l'Opéra, ma vie de danseuse étoile. J'ai décidé d'ouvrir ce qu'on pourrait appeler mon journal intime avec les adieux d'Agnès Letestu. Cela m'a paru évident et un très beau début pour le Dance Magazine.

Agnès est une danseuse étoile extrêmement appréciée à l'Opéra et je crois dans le monde entier. Notre amitié de longue date m'a permis de la suivre dans sa loge pendant sa préparation pour *La Dame aux Camélias* et sur scène pour l'accompagner jusqu'au bout, jusqu'à son ultime spectacle sur la scène de l'Opéra Garnier.

Je me suis posée beaucoup de questions sur les adieux d'une danseuse étoile. Il faut s'y préparer, être prête pour vivre au mieux ce dernier spectacle.

Ne pas avoir de regret, accepter de ne plus jamais danser sur cette scène si magique, prévoir la suite, que veut-on faire? Est-ce que nous sommes capable de faire autre chose que danser ou enseigner? Comment peut-on trouver un plaisir tel que celui de la scène, du spectacle, de la performance dans une vie dites normale? Comment ne plus vivre ces moments uniques que l'on trouve dans les théâtres?

On ne se rend pas toujours compte, mais lorsqu'on est danseuse étoile à l'Opéra de Paris, notre vie se transforme en vie de princesse, nous avons une loge privée, refaite à notre goût, nous avons, à l'atelier des costumes, une couturière privée qui ne travaille que sur vos costumes, une personne qui vient vous coiffer dans votre loge à l'heure que vous demandez, et qui vous prépare, une habilleuse personnelle qui vous accompagne pendant tout votre spectacle et qui vous suit au cas où vous auriez besoin de quelque chose. Cela peut paraître normal car, après tout, nous avons le rôle principal du ballet qui se joue, et des responsabilités, mais tout cela n'est pas la vraie vie, non? Il est important de le réaliser et de se rendre compte qu'un jour tout cela n'existera plus.

La retraite à l'Opéra est obligatoire à 42 ans. Cela semble peut-être vieux pour un danseur, mais finalement, pour une personne normale, c'est jeune? J'étais assez intriguée, il faut l'avouer, de savoir comment Agnès vit tout cela.

Si l'on demande à une grande majorité de danseurs de l'Opéra ce qui, selon eux, pourrait définir Agnès en quelques mots, ce serait : « Agnès, c'est la force tranquille ».

J'ai connu Agnès, lorsque nous étions toutes petites. Nous avions le même professeur particulier, Max Bozzoni. Très tôt, il était évident qu'Agnès avait quelque chose en plus. C'est difficile à décrire, mais c'était comme quelque chose d'évident. Elle n'avait pas d'autre choix que de faire cette carrière. Elle avait déjà, je me souviens, une grande maturité. Tant dans son travail, que son comportement. C'est comme si elle savait que ce qu'elle venait chercher, c'était le titre ultime, celui de danseuse étoile. Elle n'avait pas de temps à perdre, ni d'énergie à gaspiller. La force tranquille... droit au but!

La directrice de l'école, Claude Bessy, l'avait remarquée rapidement et l'avait déjà mise dans la lumière... (ce qui n'était mon cas... on en reparlera peut être un jour!). Son sort était lancé, il n'y avait plus que le corps de ballet à affronter!

Sa rencontre avec José Martinez a été, je crois, pour Agnès, extrêmement importante. Elle se savait plus grande en taille que les autres danseuses. José était grand et doué également, il arrivait au bon moment. Ils se sont motivés tous les deux, tout dansé ensemble, on travaillé avec beaucoup d'acharnement pour finalement, après quelques courtes années de corps de ballet, accéder au titre ultime, à la récompense de leur rêve d'enfant, celui d'être nommé danseur étoile.

Ce qu'il faut savoir, c'est qu'Agnès est évidemment la danseuse que l'on connaît, mais également une femme d'exception. C'est une personne d'une grande humilité, dénuée de méchanceté, dotée d'une grande sensibilité, bref une nana géniale! Je suis très fière de l'avoir connue et d'avoir fait un bout de chemin avec elle.

Les adieux d'Agnès, le 10 octobre, étaient très émouvants. Souvent, les soirs de spectacle, je me demande souvent si le public vient pour moi ou si juste, par hasard, ils sortent des Galeries Lafayette, les bras chargés de sacs et viennent à l'Opéra pour voir l'endroit et éventuellement profiter du spectacle! Cela peut paraître drôle, mais l'Opéra est aussi un lieu touristique!

Ce qui est sure, c'est que ce soir-là, pour les adieux d'Agnès, la salle était pleine à craquer et ils venaient tous pour elle, pour lui prouver leur amour et lui tirer également leur révérence, leurs remerciements pour toutes ces années d'émotions.

Agnès était, comme à son habitude, très calme. Elle a profité de chaque minute, en vivant pleinement ses émotions, entièrement, avec appétit. C'était beau, touchant, troublant, triste, sincère, court. Agnès a été ovationnée par le public, les applaudissements n'en finissaient pas. Je pense que ça doit être très impressionnant de se prendre de plein fouet autant de démonstration d'amour. Le public français est assez froid et les critiques de journaux pas très tendres... Tout le monde était présent, nous n'avions d'yeux que pour elle. Agnès était sublime dans sa petite robe blanche, elle était comme une enfant, comme à ses débuts.

Agnès dansera encore *La Dame aux Camélias* à Tokyo l'année prochaine (moi aussi!!! Je suis très contente, c'est mon rôle préféré!). Elle fait travailler en ce moment des jeunes danseurs de l'Opéra qui vont danser les rôles principaux dans *La Belle aux Bois dormant*. Elle a envie de continuer à imaginer des costumes de scène. Je crois qu'elle a envie de prendre la vie comme elle vient, tranquillement, sans idée précise... Elle a un amoureux extraordinaire!! (Oui, c'est mon journal intime, j'ai le droit de le dire!!!) et je ne le dirai jamais aussi joliment qu'elle...

Ma mère était dans la salle ce soir-là, elle m'a dit « j'étais triste, tellement triste », je lui ai répondu « c'est parce que tu penses à mes adieux? », elle m'a répondu par un timide « oui »...

Bref, Mademoiselle Agnès Letestu, je vous aime beaucoup et je vous tire ma plus sincère révérence....

Aurélie

ovembre

Chers lecteurs,

Je suis ravie de vous retrouver ce mois-ci pour de nouvelles aventures à l'Opéra.

Brigitte Lefèvre m'a annoncé la saison dernière que Saburo Teshigawara m'avait choisie pour sa création à l'Opéra. J'étais très heureuse, impatiente et ravie de le rencontrer. J'ai beaucoup aimé sa création *Air* en 2006 pour la compagnie.

C'est toujours un plaisir de travailler avec de nouveaux chorégraphes. Participer à une création est un luxe. C'est un moment extrêmement privilégié.

Créer une pièce, comprendre le langage du chorégraphe, se mettre en danger émotionnel ou physique est une expérience unique. Ce n'est pas une question de courage mais plutôt de curiosité. Je compare souvent cela à une actrice qui aborderait un nouveau personnage, une époque différente, une nouvelle façon de jouer, de parler.

La création s'appelle *Darkness is hiding black horses*. Je partage la scène avec Jérémie Bélingard et Nicolas Le Riche.

Je peux affirmer que Monsieur Teshigawara est un maître absolu. Quelle belle âme, quel talent, quelle générosité.... Saburo-san (comme j'aime l'appeler) est un grand monsieur.

Il y a bien une chose qui m'a toujours fait peur, c'est l'improvisation. Je n'ai jamais cru que mon corps et mon esprit fussent disposés à faire ce genre d'expérience. Cela peut paraître étrange pour une danseuse professionnelle, mais cela ne fait pas vraiment partie de notre « éducation » à l'Opéra de Paris.

Le premier jour où j'ai rencontré Saburo-san, il m'a demandé d'improviser pendant 35 minutes. C'était long.... Très vite je me suis dit deux choses : « Soit, tu assumes ce travail de lâcher prise, de découverte et de confiance. Soit, tu rentres chez toi te cacher....!!! ». Bien évidemment, un homme comme Monsieur Teshigawara, on n'en rencontre pas tous les jours, alors mon choix a été vite fait.

Nous avons travaillé énormément avec Nicolas et Jérémie. J'ai apprécié ce groupe intime de travail. Saburo-san est un homme qui ne juge pas, qui a une patience d'ange. Il aime transmettre, travaille beaucoup sur des images, des sensations, sur des mouvements purs et naturels. Il parle beaucoup pendant les séances de travail, il est comme un guide qui nous explique le mode d'emploi.

Saburo-san est un excellent danseur, il dansait souvent avec nous. J'étais très impressionnée par sa façon si moderne de se mouvoir. Nous nous sommes beaucoup amusés à découvrir et à expérimenter sa technique d'improvisation. C'est un homme qui a de l'humour et cela m'a aidée à me dépasser, à ne pas me juger. Rihoko, son assistante, était avec nous. C'est une sacrée danseuse et cela force le respect.

Monsieur Teshigawara n'est pas que danseur, chorégraphe, il a réalisé tous les costumes, les éclairages et la scénographie de sa pièce.

Le soir de la première, nous étions tous très émus car, comme très souvent, la première représentation signifie, pour nous danseurs, la fin d'une magnifique rencontre. Les chorégraphes s'en vont vers d'autres projets....

Saburo-san tenait à ce qu'il n'y ait qu'une seule distribution pour sa pièce, ce qui est rare à l'Opéra. Nous avions 11 spectacles à faire, c'était un rythme assez soutenu. Il ne fallait pas se faire mal et rester concentré. Nicolas s'est blessé en scène au septième spectacle. Il a réussi à terminer sans que la moindre personne ne s'aperçoive de sa douleur. Nous avons préparé Marc Moreau le lendemain qui, à son tour, s'est fait une entorse pendant un test d'improvisation.

Il n'y avait pas d'autre choix que de faire la pièce à deux, avec Jérémie. Il fallait réagir vite car le spectacle avait lieu une heure après la blessure de Marc. Notre seul souci était de faire une pièce fidèle au style et au désir de Saburo-san. Nous avons improvisé pendant 30 minutes.

J'ai réalisé que l'improvisation ce soir-là ne me faisait plus peur, bien au contraire, j'étais impatiente de retrouver cette liberté qui m'angoissait tant au début.

Le travail avec Monsieur Saburo Teshigawara m'a appris énormément, j'ai eu des sensations en scène incroyables. Je suis fière d'avoir osé lâcher et très honorée que Saburo-san soit à l'origine de cette formidable expérience.

Le « timing » des rencontres est souvent crucial, je suis très heureuse d'avoir rencontré Saburo-san au bon moment dans ma vie. Il fait partie de mes plus belles rencontres. Un grand « domo arigato Saburo-san ».

Bien à vous

Aurélie

écembre

Bonjour à tous ! Je suis ravie de vous retrouver !

Le mois de décembre à l'Opéra est toujours très difficile pour la compagnie. Il y a le fameux concours annuel, chargé de stress et de fatigue. Beaucoup de danseurs et danseuses se présentent avec très peu de postes attribués. Puis viennent les spectacles de décembre, avec souvent un ballet très classique et un autre plus contemporain.

Cette année, il y a *La Belle au Bois dormant* de Nouréev à l'Opéra Bastille et *Le Parc* d'Angelin Preljocaj à l'Opéra Garnier.

Je danse dans *Le Parc*, je fais la première avec Nicolas Le Riche. Une journaliste, l'autre jour, m'a demandé pourquoi je ne dansais pas cette année dans *La Belle au Bois dormant*. Elle était étonnée et un petit peu déçue ! Je lui ai répondu que la raison était assez simple; j'ai beaucoup dansé *La Belle* avec Manuel Legris lorsque j'étais plus jeune. Nous avons fait le film à l'Opéra, j'avais 26 ans, j'étais une jeune étoile. Je suis très exigeante dans mon travail et je ne souhaitais pas proposer au public quelque chose de moins bien. C'est un ballet très difficile, peut-être le plus difficile. Le plaisir, dans les versions de Nouréev, est très subtile. Aborder ce répertoire jeune est une nécessité.

La nouvelle génération de solistes arrive et c'était pour elles l'occasion d'aborder le rôle d'Aurore. Depuis peu, je trouve important de laisser la place aux jeunes, de leur donner des conseils lorsqu'ils en ont besoin, de les guider, de leur raconter notre expérience. Comment se préparer physiquement, comment aborder psychologiquement un ballet si difficile. Cela me permet de vivre bien, c'est-à-dire, sans frustration, le fait que je ne danserai plus jamais ce rôle. Cela ne me rend pas triste et je regarde la nouvelle génération avec des yeux pleins de promesses et d'espoirs. Et à aucun moment, je ne regrette mon choix. Tous les ballets de Nouréev restent un excellent souvenir... La transmission est une chose importante dans cette grande compagnie. La carrière passe très vite et je pense qu'il est important de se défaire des choses ou des souvenirs pour vivre bien son départ.

Le Parc d'Angelin Preljocaj a été créé le 9 avril 1994, Il y a 20 ans. C'était sa première création pour la compagnie. C'est devenu un classique du répertoire de l'Opéra. C'est un ballet contemporain, inspiré de *La Princesse de Clèves* et des *Liaisons Dangereuses*, qui explore les codes de la séduction. Cette chorégraphie évoque la découverte de l'autre jusqu'à l'abandon de soi, en passant par l'éveil de la sensualité, l'humour, la poésie, la délicatesse, le raffinement, la passion, le libertinage.... tout un programme !

En tant qu'interprète, ce que je trouve très intéressant c'est la construction et l'évolution de cette jeune femme. Il y a trois pas de deux importants pour les solistes. Le premier est un duo où les corps ne se rencontrent jamais. Il y a de la distance entre les interprètes, une gène et une réserve, une grande pudeur. Le deuxième est l'acceptation prudente et timide de la découverte. Un lâcher-prise. Le troisième est un abandon passionnel, sans réserve, une délicate passion.

Les costumes d'Hervé Pierre sont sublimes et le décor de Thierry Leproust apporte une touche très moderne à la mise en scène. Je n'oublie pas la musique de Mozart qui donne à tous l'envie de faire un baiser qui vole (Je décline toute responsabilité en cas d'essai raté !). C'est un ballet très agréable a danser.

Il est rare, lorsque l'on est danseuse étoile d'avoir de véritables moments de danse avec le corps de ballet. Bien souvent, nous travaillons de notre coté, en studio, loin des regards. Et puis viennent les répétitions avec toute la compagnie. J'ai toujours trouvé difficile d'être si souvent éloignée de la troupe. Lorsqu'on devient danseuse étoile, nous avons une loge à notre nom, c'est formidable bien sûr, mais la solitude est parfois pesante. Pendant les répétitions, de nouveau nous travaillons seul ou en petit comité. Puis, le corps de ballet nous découvre en studio pour les premiers filages, et à ce moment-là, on se sent très seul !!! En français, l'etymologie du mot « soliste », signifie « solo », c'est-à-dire « seul » ...

Dans Le Parc, les solistes repètent beaucoup avec les autres danseurs car nous avons beaucoup de choses à faire ensemble. Je trouve cela très agréable. Cela m'a permis de découvrir ou redécouvrir des danseurs. C'est un travail de groupe que je vis exclusivement dans les ballets contemporains et qui me plait. Grace à cela, il se dégage toujours du Parc une très bonne ambiance sur scène.

Laurent Hilaire, le créateur du rôle, a remonté le ballet avec beaucoup de générosité et de précision. Je pense qu'il a pris énormément de plaisir à nous faire répéter. Et la transmission, c'est surtout cela !

Angelin est venu à Paris pour nous faire travailler. C'est toujours formidable d'avoir le regard du chorégraphe, même si l'on a beaucoup dansé son ballet, il nous rappelle l'essence même de ce qu'il souhaite. Il a une explication pour chaque geste technique et des idées très ouvertes pour chaque envie d'interprétation. Il a le talent de garder son ballet moderne, car il le corrige toujours en fonction des interprètes. C'est une grande qualité car pour nous danseurs, nous avons toujours l'impression de faire partie d'une création ! N'est-ce pas agréable de ne pas être obligé de faire les choses comme elles ont été créées ? D'avoir une part de créativité ou la possibilité de proposer autre chose ? C'est parfois ce qu'il manque dans les ballets de Nouréev. Il faut s'appuyer sur une vidéo ou une distribution imposée. La liberté est assez limitée.

Alors, lorsqu'on me demande pourquoi j'aime la danse contemporaine, ce sont pour toutes ces raisons. Travailler avec des gens vivants qui vous rendent vivant et unique !

J'ai adoré travailler avec Nicolas. Je crois que depuis toutes ces années de travail ensemble, nous avons une belle complicité en scène. J'aime beaucoup danser avec lui. Il fait ressortir en moi ma force physique. Manuel faisait ressortir ma technique et ma musicalité et Hervé Moreau fait ressortir en moi ma fragilité, ma sensibilité. J'ai de la chance d'avoir des partenaires aussi incroyables, qui m'ont tellement appris. Ma carrière, c'est eux !

La première à Paris s'est très bien passée. Le public aime ce ballet et attend avec toujours autant d'impatience le baiser qui vole du dernier pas de deux. Je ne sais pas si j'aurai l'occasion de retravailler avec Angelin. Chaque grand rôle dansé est souvent pour moi la dernière fois.

J'ai adoré danser les ballets d'Angelin Preljocaj. C'est un grand chorégraphe et un homme formidable. Il a su rester simple et accessible. J'ai eu la chance de danser dans plusieurs de ses ballets et créations. J'ai commencé avec L'Annonciation, je n'étais pas étoile, et je termine avec Le Parc qui est le ballet que j'ai le plus dansé dans ma carrière! Alors merci Angelin, tu es mon ange....

Je vous souhaite à tous de bonnes fêtes de fin d'année et une très bonne année 2014 !

Aurélie

février

Bonjour à tous ! Je suis ravie de vous retrouver. Je n'ai pas pu honorer notre dernier rendez-vous mensuel, car je suis tombée sérieusement malade après mes vacances. Je suis restée couchée trop longtemps pour avoir le temps de vous proposer quelque chose. Je suis désolée.

La danseuse et chorégraphe Birgit Cullberg s'inspire de l'œuvre d'August Strindberg et crée en 1950 *Mademoiselle Julie*. Birgit Cullberg est la mère de Mats Ek. C'est Ana Laguna qui viendra à l'Opéra remonter le ballet. Elle a dansé le rôle de Julie et a travaillé avec Birgit Cullberg.

C'est une histoire où s'affrontent deux personnages opposés et équivoques : Julie, fille d'un compte suédois et Jean, son serviteur. Julie est orgueilleuse et méprisante, elle a une haine pour les hommes. Elle est totalement imprévisible, elle est double, forte et faible, tendre et autoritaire, sadique et masochiste. Julie affronte Jean et veut le dominer. Jean répondra à sa violence et se révélera le plus fort à ce jeu de séduction-répulsion qu'elle a entamé avec lui. C'est une lutte de classe, de pouvoir, une lutte entre un homme et une femme. Choquée par l'agression physique de Jean, Julie passe de l'instinct de vie à la pulsion de mort et se suicide à l'issue de la pièce. Voici une belle tragédie comme je les aime !!!!

Je danse avec Nicolas Le Riche. Eleonora Abbagnato dansera avec Stéphane Bullion, et Eve Grinztain avec Audric Bézard.

Lorsque j'ai vu le vidéo de ce ballet la première fois, j'étais très étonnée de voir que le rôle de Julie était très classique dans sa technique. Pointes, pirouettes, entrechats... Lorsque l'on sait que la créatrice du ballet est la mère de Mats Ek, on imagine des positions plus pliées, plus au sol. On ressent d'ailleurs « l'empreinte Mats Ek » dans les danses du corps de ballet et dans le rôle de Christine, la fiancée de Jean. Julie est un rôle surprenant que j'ai appris à apprécier et que je découvre à chaque spectacle.

Nous avons commencé a travailler mi-janvier avec Ana (j'ai donc manqué le début des répétitions à cause de mon état de santé!). Il y a beaucoup de choses à apprendre pour Julie car elle est présente pendant tout le ballet. Il y a une technique de pointe assez difficile à exécuter mais aussi - et c'est là où ça m'intéresse le plus ! - un jeu théâtral assez complet. C'est un personnage merveilleux car Julie est tout à la fois.

Sa première entrée, elle est méprisante, désagréable, sadique avec sa cravache et son petit tutu. Elle déteste ses serviteurs, repousse son fiancé (merveilleusement interprété par Alessio Carbone!!). Elle est frustrée. Au deuxième tableau, elle essaie de se faire accepter car elle souhaite approcher Jean. Elle baisse un peu les armes et laisse deviner une certaine fragilité.

Le tableau dans le décor de la cuisine présente une Julie qui pourrait ressembler à la *Carmen* de Roland Petit. Elle est seule avec Jean, légèrement vêtue. Elle abuse de son charme pour le séduire, l'exciter, et en même temps le freiner dans ses pulsions. Elle est sadique et manipulatrice.

Après avoir été abusée par Jean, Julie revient sur scène choquée et humiliée. Elle perd sa virginité et son rang, tout à la fois. Après, c'est une longue descente aux enfers,

Julie supplie Jean de l'aider à mettre fin à ses jours car sa vie et son honneur n'ont plus d'issue, elle meurt, seule, en scène.

Le ballet dure 1 heure et Julie ne quitte pratiquement pas la scène. C'est un rôle incroyable où l'on peut tout expérimenter.

Ana Laguna nous a énormément aidés, tant dans la technique que dans l'interprétation. C'est une femme que j'adore, une artiste unique et généreuse qui m'a appris le rôle de Julie avec beaucoup de précision et de finesse. Nous avons parlé des heures, j'avais besoin de cerner au plus prêt les sentiments, les frustrations, la définition de cette mademoiselle Julie qui est si complexe.

Ana nous a rapidement demandé de faire des filages. Pour surmonter la fatigue et, bien sûr, construire dans les moindres détails nos personnages. Ana, comme Mats d'ailleurs, est une travailleuse infatigable, inépuisable de corrections et toujours en recherche du mieux. Mats Ek est passé nous faire travailler juste avant la première. Il était très satisfait de nos répétitions et j'avoue que ça nous a mis en confiance !

C'est la dernière fois que je danse sur la scène du Palais Garnier avec Nicolas. Il part dans quelques mois et nous n'aurons plus d'occasion de nous retrouver après cette pièce. Je profite de tous ces moments avec lui, il est excellent dans le personnage de Jean.

Je terminerai en saluant Isabelle Ciaravola qui a fait ses adieux à la scène de Garnier dans *Onéguine*. Elle était resplendissante et a eu une véritable ovation !!! C'est une femme formidable que j'ai connue tardivement.... Je l'embrasse et lui souhaite le meilleur pour la suite.

Je vous retrouve très vite à Tokyo dans *La Dame aux Camélias*, et mon prochain reportage sera fait au Japon !

À très vite
Aurélie

Mars

Chers lecteurs,

Je suis ravie de vous retrouver ! J'ai voulu parler, ce mois-ci, de la tournée de l'Opéra à Tokyo avec, au programme, *La Dame aux Camélias*.

Les distributions de *La Dame aux Camélias* pour cette tournée étaient chargées en émotion, il y avait Isabelle Ciaravola, fraîchement retraitée, avec Mathieu Ganio, Agnès Letestu, retraitée depuis quelques mois qui dansait avec Stéphane Bullion et moi avec Hervé Moreau. Nous avons dansé toute les trois nos derniers spectacles de *La Dame aux Camélias*.

Cette tournée était importante pour moi pour plusieurs raisons : la première, ce sont mes dernières représentations de *La Dame aux Camélias*, la deuxième, cela se passe à Tokyo, ma deuxième maison « artistique » ! J'ai le trac.....

Lorsque le compte à rebours commence et que l'on sait qu'il y a des ballets que l'on va danser pour la dernière fois, on dit adieu à certains rôles. Il y a des adieux plus difficiles que d'autres !

La Dame aux Camélias est pour moi un rôle complet qui m'a permis de me découvrir, de progresser, de jouer et de m'épanouir. Ma Marguerite du début a grandi et évolué avec moi tout au long de ces années.

J'ai fait mes débuts avec Manuel Legris. C'était un de mes premiers grands personnages à interpréter où la difficulté technique n'était pas un obstacle ou une nécessité. Quel bonheur ! C'était une forme de théâtre dansé.

J'ai tout de suite aimé Marguerite, la musique, les costumes, l'intimité des pas de deux, le déroulement de l'histoire, la mise en scène. C'est, je trouve, un rôle que toute danseuse devrait travailler. Ce rôle procure des émotions uniques, l'histoire est tellement bien construite que vous avez l'impression de la vivre complètement. Le trac que je ressens se traduit surtout par une peur de passer à côté du rôle, de ne pas en profiter pleinement, de ne pas articuler chaque pensée ou sentiment comme je le voudrai.

Il y a dans ce ballet une chorégraphie bien établie et extrêmement précise et à la fois une liberté totale de jeu avec son partenaire. La preuve en est que chaque distribution est complètement différente et intéressante.

À Tokyo, j'ai dansé avec Hervé Moreau.

Je ne pouvais pas rêver mieux. Je crois que nous avons le même attachement pour ce ballet et une sensibilité similaire pour le jeu, la musique et le théâtre. Nous sommes deux danseurs instinctifs, à l'écoute l'un de l'autre. Le travail en studio est très agréable.

L'instinct est une qualité que je recherche toujours dans mes rôles ou chez mes partenaires, car elle vous oblige à trouver des idées différentes et évite de vous faire « réciter » les choses en scène.

Ayant beaucoup dansé ce ballet auparavant, les difficultés techniques sont secondaires et nous laissent la possibilité de développer l'histoire, les détails, la musicalité, et surtout le plaisir de danser ensemble naturellement. Car dans *La Dame aux Camélias*, on ne doit plus voir des pas de danse mais juste une histoire passionnelle entre deux personnages.

Je dois avouer que je tombe amoureuse d'Hervé à chaque représentation de *La Dame aux Camélias* !!! Il a quelque chose de très particulier que je n'ai jamais rencontrée chez d'autres partenaires... peut-être la façon dont il me regarde, un charme juste et sincère dont il n'est même pas conscient et qui justement me touche lorsque je suis Marguerite !!!

Il a été mon « Roméo » dans la version de Nouréev et dans la version de Sasha Waltz, je suis morte d'amour pour lui un nombre de fois incalculable !

J'ai profité plus qu'il était possible de mes derniers spectacles à Tokyo.

J'ai vécu intensément chaque détail, chaque seconde de ce magnifique rôle. J'ai savouré entièrement et sans retenue tous les moments.

Je suis ravie d'avoir dit au revoir à Marguerite comme cela, je crois que c'étaient mes plus jolis spectacles dans ce rôle, peut-être parce que c'étaient les derniers ou tout simplement parce que je grandis toujours, je cherche continuellement à améliorer et que, sans doute, je commence à bien connaître le rôle ...

Le public japonais m'a fait un accueil que je n'oublierai jamais. C'est gravé dans ma mémoire et dans mon cœur pour toujours.

Merci à John Neumeier d'avoir eu le génie d'avoir créé ce rôle pour les femmes qui dansent, et merci à vous tous d'être aussi fidèles et de me l'avoir si bien et si joliment prouvé. Je suis très fière d'avoir vécu cet adieu très intime à Tokyo, car pour moi, c'est mon plus joli rôle.

A très vite,
Votre très fidèle Marguerite

Avril

Chers lecteurs,

Pour ce nouveau rendez-vous, je vais vous parler de la création de Benjamin Millepied : *Daphnis et Chloé*.

Le hasard a fait que Brigitte Lefèvre lui a commandé cette création pour l'Opéra bien avant qu'il accepte ses nouvelles fonctions de directeur. C'est pour lui, comme pour les danseurs qui participent à sa création, un joli moyen de se rencontrer et de mieux se connaître.

J'ai déjà travaillé avec Benjamin il y a quelques années pour sa première création pour la compagnie dans *Amovéo*. J'avais adoré travailler avec lui. Benjamin est un jeune directeur qui a beaucoup d'ambition pour la compagnie. Je pense que sa culture franco-américaine est un atout pour l'Opéra.

Il a l'intention de faire de la compagnie, une troupe plus internationale. Il souhaite améliorer énormément des choses et profite de sa création pour faire une sorte d'« état des lieux » pour l'avenir. Grâce à cette création, il découvre les danseurs, mais aussi, notre façon de travailler, nos horaires de travail qu'il juge trop lourds, les défauts de plancher ou de lino qu'il souhaite remplacer rapidement.

Il est vrai que les danseurs étoile travaillent en général de 11 heures à 16 heures sans pause et reprennent à 16 heures et demie jusqu'à 19 heures. Ce sont de longues journées et il est difficile de rester concentré sur une si longue durée.

Benjamin voudrait également améliorer la communication autour de l'Opéra et ça, c'est une excellente chose ! Il a d'ailleurs réalisé un trailer sur sa création qui est génial et qui est le meilleur moyen de donner envie au public de venir à l'Opéra.

Les danseurs ont une grande confiance en Benjamin, ils attendent beaucoup de lui. Ils espèrent un grand changement. Avec du recul, je ressens que les danseurs ont besoin de retrouver une nouvelle motivation, ils ont besoin de remettre les compteurs à zéro et de repartir sur de nouvelles règles, de nouveaux élans et un nouveau regard. La situation tombe assez bien, car il y a toute une génération de danseurs qui part à la retraite et qui permettra à la nouvelle de prendre sa place.

J'imagine que lorsque l'on prend de nouvelles fonctions, le futur directeur a besoin de nouveauté, tant dans son équipe que dans ses artistes. Il a besoin de mettre en place quelque chose de neuf en tout les cas quelque chose qui lui ressemble et sur lequel il peut construire. Grâce à la création, Benjamin a la possibilité de s'occuper de cela et d'avancer à son rythme sur ses prochaines fonctions. Imaginez les journées de travail que ça représente pour lui!

La création se passe très bien. Je danse une fois de plus et pour mon plus grand plaisir avec Hervé Moreau ! Ravel a composé la musique de *Daphnis et Chloé*, et c'est une merveille !

Pour ce nouveau projet, Benjamin m'a demandé une nouvelle fois de participer à sa création et souhaite que je fasse la première avec Hervé. Cela signifie beaucoup et je suis vraiment très touchée que Benjamin me fasse de nouveau confiance pour cette création.

Lorsqu'il s'agit d'une création, le chorégraphe crée sur la première distribution qu'il a choisie. C'est un honneur mais aussi une sacrée responsabilité ! On doit être très disponible et comprendre au plus prêt les désirs du chorégraphe. On doit apprendre son langage, sentir ce qu'il recherche pour proposer des mouvements susceptibles de lui parler.

Avec Benjamin, c'est très intéressant. Il crée très rapidement. Il a étudié la partition musicale, et a une idée assez précise de ce qu'il veut faire. Il a su dès les premières répétitions, mettre les danseurs très à l'aise. C'est difficile de ne pas penser que le chorégraphe qui travaille avec vous toute la journée, est votre prochain directeur. La pression est présente mais disparaît pendant le travail.

Nous sommes environ une trentaine de danseurs sur la création et nous avons tous le sentiment d'avoir de la chance de travailler avec Benjamin. Je le connais depuis longtemps et la pression pour moi, n'est, bien sûr, pas la même que pour les jeunes danseurs de la compagnie. Je considère Benjamin comme un ami alors que les plus jeunes le voient comme un directeur qui va décider de leur carrière.

Une des grandes qualités de Benjamin est qu'il est excellent partenaire. Il est très habile dans ses manipulations, et surprend les danseurs dans sa facilité d'exécution. Ce que l'on apprend à faire en 10 minutes, lui le fait en 30 secondes. Il travaille à un rythme assez soutenu et a beaucoup d'énergie. La première est le 10 mai à l'Opéra Bastille. Il a presque terminé sa création.

Je le trouve assez confiant et pour l'instant on ne ressent pas de stress, ni d'appréhension pour cette première. Il y a une très bonne ambiance entre nous en studio, les danseurs sont très impliqués. Mais cela peut paraître évident !

Je vous raconterai comment s'est passée la première dans notre prochain rendez-vous ! En attendant, je vous souhaite plein de belles choses et vous retrouve très vite !

Aurélie

Mai

Bonjour à tous!
J'espère que vous allez bien! Je suis ravie de vous retrouver pour notre avant dernier reportage «made in paris»!

Je voulais vous raconter la suite de la création de Benjamin Millepied.

Nous avons commencé les répétitions en scène 10 jours avant la première. Le spectacle a lieu à Bastille. C'est toujours une organisation pour les danseurs d'aller danser à Bastille! Il faut tout apporter, penser à tout, comme un spectacle à l'étranger sauf que c'est aussi notre théâtre! Nous n'avons pas vraiment de loge attitrée et je dois avouer qu'il faut un certain temps pour se sentir à l'aise.

L'endroit est évidemment très différent de l'Opéra Garnier, nous n'avons pas vraiment d'habitude, nous connaissons peu les gens mais la scène est très agréable. Tout est tellement grand, les coulisses, le plateau, que j'ai une sensation de liberté très agréable.

On a découvert les décors de Buren à la première répétition. C'est sublime! Tellement moderne et tellement simple.

Benjamin a travaillé les lumières nuit et jour, et lorsqu'on voit le résultat, on se dit qu'il faudrait faire ça plus souvent! Les danseurs sont mis en valeur, tant dans les costumes que dans les lumières. C'est très agréable pour nous, c'est rassurant, et la seule importance reste de profiter du ballet et de danser librement.

C'est d'ailleurs l'unique conseil de Benjamin avant les spectacles: danser, écouter la musique, respecter les danseurs sur le plateau, être a l'écoute. Cela peu paraître simple et évident mais c'est par exemple un sentiment qui n'est pas forcément visible sur *Le Palais de Cristal*. Le premier ballet de la soirée.

La première a eu un succès incroyable. La salle était très enthousiaste. Benjamin était très content des danseurs et l'ambiance sur scène était exceptionnelle.

Cette création s'est passée sereinement, à aucun moment nous avons ressenti le stress de la première.

Benjamin était en confiance, très calme en répétition, tout était simple, il était très respectueux de notre travail. Les danseurs se sont impliqués dans cette création et nous sommes arrivés à la première confiants et excités de la présenter.

Il faut se rendre compte que, lorsque Brigitte Lefèvre a proposé à Benjamin de faire un *Daphnis et Chloé* pour la compagnie, il n'était pas encore pressenti pour être le futur directeur de la compagnie. Pour lui, c'était un challenge énorme de faire cette création. Le tout Paris l'attendait pour voir de quoi il était capable. Ça aurait pu être désastreux... c'était une parfaite réussite!

Quel sang froid et surtout quel talent!

Les spectacles s'enchaînent, et entre temps je travaille pour le prochain programme, *Psyché* de Ratmansky et *Dances at a Gathering* de Robbins. Je termine ma saison après ces 2 ballets. Septembre sera pour moi ma dernière saison dans la compagnie... le temps passe tellement vite!

Mais il y a une bonne nouvelle!

Benjamin m'a demandé de faire partie de son équipe quand il prendra ses fonctions de directeur de la danse. Il m'a proposé d'être maître de ballet et j'ai accepté avec plaisir. Je serai donc toujours dans les murs pour aider les solistes principalement.

Quel aventure! Je ne m'y attendais pas et, pour être honnête, je ne voyais pas les choses forcément de cette façon, mais je suis ravie.

Je m'entends très bien avec Benjamin

et je sais - et j'en ai eu la preuve - que nous travaillons très bien ensemble ! Je suis très touchée qu'il me fasse confiance.

Il insiste néanmoins pour que je continue à danser car il ne veut pas que je m'arrête ! Alors j'organiserai mon temps pour faire les deux !

C'est une nouvelle vie qui s'offre à moi et je suis très chanceuse... La chance est décidément un atout important dans une carrière, le bon timing, et les bonnes rencontres....

Je vous laisse et vous dis à très vite, chers lecteurs.

fidèlement

Aurélie

Juin

Chers lecteurs,

C'est la fin de la saison pour nous et cela signifie également que ceci est mon dernier reportage made in Paris !

Ce mois-ci a été mouvementé à l'Opéra !

J'étais supposée danser *Psyché* de Ratmansky qu'il a créé pour Hervé Moreau et moi il y a environ 3 ans. À l'époque, Hervé s'était blessé et j'avais dansé avec Stéphane Bullion.

Pour la reprise du ballet, cette année, Hervé a declaré forfait quelques jours avant les répétitions en scène. Son genou est fragile et il préfère s'arreter pour ne prendre aucun risque.

Je me retrouve sans partenaire et dans l'impossibilité d'apprendre et de travailler avec un autre danseur. J'ai très peu de temps avant la première, et, malheureusement, je dois me rendre à l'evidence, ça ne sera pas possible... Je laisse ma place à Laëtitia Pujol pour la première qui danse avec un jeune danseur très talentueux, Marc Moreau.

C'est toujours difficile de faire un travail en répétition, réapprendre le rôle, le travailler, s'impliquer, pour qu'au final, on ne puisse pas aller en scène.

Cela fait partie des risques et j'ai toujours préferé laisser ma place plutôt que d'aller en scène avec le sentiment de ne pas être suffisamment prête ou à l'aise.

Ratmansky était deçu, comme nous tous. Cela permet, neanmoins, de donner la chance à d'autres distributions. Charline Giezendanner, sujet à l'Opéra, dansera avec Pierre Arthur Raveau, premier danseur. Et Diana Vishneva est invitée pour danser avec Evan Mckie.

Je ne suis pas restée sans rien faire, car dans la même soirée il y a ce magnifique ballet de Robbins *Dances at a Gathering*.

C'est un ballet où les solistes de la compagnie sont rassemblés. Il n'y a pas de corps de ballet. On ressent une fierté lorsque l'on danse ces ballets. Je suis fière de ma compagnie et de la qualité des danseurs que je regarde tous les soirs.

C'est un très joli ballet. On peut y voir qu'une succession de pas de danse mais je pense qu'il y a une certaine profondeur dans cette œuvre. Mathieu Ganio interprête le brown boy, il ouvre le ballet. C'est un personnage clé dans ma lecture du ballet. Pour moi, c'est son autobiographie en quelque sorte, les parties dansées dont il ne fait pas partie sont celles qu'il revoie dans ses souvenirs. Il y a de la joie, mais aussi de la nostalgie.

La musique de Chopin nous donne le ton. On sent les origines juives de Chopin dans sa partition, traduite par Robbins, lui meme juif new-yorkais. Il y a à la fois de la danse classique pure mais aussi du folklore, inspiré de leurs origines.

Il y a de la joie de l'humour et du style! Le rôle de chaque danseur est représenté par la couleur de son costume. Il y a la rose, la violette, la bleue... Je fais la verte!

Je danse très peu dans le ballet, je me présente en scène après les premières 20 minutes. C'est à la fois un peu stressant mais je pense agréable pour le public de regarder ce personnage qui arrive de nul part! Je commence avec une variation pleine de charme et d'humour. Un peu comme un souvenir lointain, je me souviens des pas de danse que j'exécutais quelques années auparavant. C'est très agréable et l'on donne souvent ce rôle aux danseuses plus âgées car cela nécessite un peu d'expérience! Il n'y a pas de difficulté hormis celle de la faire avec beaucoup de désinvolture! Tout un art! La créatrice est Violette Verdy, cela en dit long....

Il y a une très bonne ambiance entre nous sur scène, et cela, parce que chaque danseur est parfaitement à sa place artistiquement.

Jean-Pierre Frohlich a remonté le ballet avec Clotilde Vayer. Ils ont fait un travail formidable, avec beaucoup de générosité et de joie. C'est un ballet difficile à danser qui peut l'être encore plus lorsque l'ambiance n'y est pas... Mais cela, je crois, est valable pour tous les ballets!

Ma saison se termine après *Dances*, je travaille déjà avec Saburo Teshigawara pour nos spectacle au Japon. Je suis très heureuse de le retrouver, et ravie de venir cet été!

J'ai passé un très joli moment avec vous cette saison. Je me suis beaucoup amusée à faire mes reportages et j'ai adoré prendre toutes ces photos ! Je crois que je suis prête pour faire un exposition tellement j'en ai !

Je voulais remercier les danseurs de la compagnie de l'Opéra qui ont accepté d'être photographiés tous les mois avec beaucoup de gentillesse et une totale liberté et confiance.

Et pour finir, je remercie le Dance Magazine de m'avoir fait confiance et de m'avoir proposé ce très joli projet!

Je dirai au revoir à la scène de Garnier le 18 mai prochain dans *L'Histoire de Manon*. Vous êtes déjà dans mon cœur et y serez également ce jour-là....

Tendrement,

Aurélie

協力：日本舞台芸術振興会／光藍社／Opéra national de Paris

© Hidemi Seto

オーレリ・デュポン
美しきパリ・オペラ座エトワール

2015 年 8 月 25 日　初版第 1 刷発行

著　者	オーレリ・デュポン	
発行者	三浦 和郎	
発　行	株式会社 新書館	
	〒 113-0024 東京都文京区西片 2-19-18	
	電話 03 (3811) 2851	
	(営業) 〒 173-0043 東京都板橋区坂下 1-22-14	
	電話 03 (5970) 3840　FAX 03 (5970) 3847	
印刷・製本	株式会社 加藤文明社	

落丁・乱丁本はお取替いたします。
© Aurélie Dupont, 2015
Printed in Japan ISBN978-4-403-32039-2

新書館のバレエの本

パリ・オペラ座のマニュエル・ルグリ
ダンスマガジン編

不世出の大エトワール、マニュエル・ルグリ。完璧なエレガンスに彩られた
華麗なるバレエ人生を秘蔵の写真とともに永遠に記録する1冊。

A5変上製／本体価格 2400 円（税抜）

マチュー・ガニオ
パリ・オペラ座バレエのエトワール
マチュー・ガニオ

人気と実力を兼ね備えた、美しきバレエの貴公子マチュー・ガニオ。
バレエの殿堂パリ・オペラ座のスターダンサーが自らのバレエと人生を語る！

A5変上製／本体価格 2400 円（税抜）

パリ・オペラ座のバレリーナ
きれいに生きるための12のレッスン
ミテキ・クドー　林 修訳

パリ・オペラ座エトワールの母、日本人振付家の父を持ち、自らもオペラ座で
長年活躍するミテキ・クドーが日々実践しているシンプルライフを紹介！

四六判並製／本体価格 1400 円（税抜）

三浦雅士インタビュー集
ブラヴォー
パリ・オペラ座エトワールと語るバレエの魅力

デュポン、ル・リッシュ、マルティネズ、ルグリ、イレール、プラテル、ルディエール……
エトワールとコリオグラファーたちの言葉でたどるオペラ座案内！

四六判並製／本体価格 1800 円（税抜）

オペラ座の迷宮
パリ・オペラ座バレエの350年
鈴木 晶

綺羅星のごときスターが集う華麗な舞台で、人々をつねに魅了するパリ・オペラ座バレエ。
その誕生から21世紀に至るまでの350年の軌跡を時代を彩ったスターと作品でたどる。

四六判上製／本体価格 3200 円（税抜）

http://www.shinshokan.co.jp